Juno
Aldebaran
Prontera
Izlude
Payon
Alberta
Amatsu

仙境RO传说

RO.com 守护永恒的爱

原画设定集

B格猫工作室 著

四川美术出版社

新经典文化股份有限公司
www.readinglife.com
出　品

CONTENTS

Chapter 1

CHARACTERS

人物篇

冒险的路途中，总会遇见形形色色的旅人。温柔的剑士少女、英勇的曙光队长、冷峻的世界大蛇、神秘的死亡女神……他们是与你一路同行的伙伴，也见证着你的蜕变与成长。旅行中，你遇见的每一道身影都是命运的羁绊，他们凝聚成时间的宝石，最终在回忆里熠熠发光。

刚开始玩，请大家多多关照

在米德加尔特大陆，每位冒险者都有独一无二的成长经历。从初心者阶段开始，冒险者便可以根据喜好，选择任意职业进修。每一个职业都有独特的进修道路，只要勇于尝试与锻炼，无论哪种职业都可以达到巅峰之境。

进阶初心者
SUPER NOVICE
♂

超级初心者
ULTIMA NOVICE
♂

进阶初心者
SUPER NOVICE
♀

超级初心者
ULTIMA NOVICE
♀

盗贼 Thief　　刺客 Assassin　　十字刺客 Assassin Cross　　十字切割者 Guillotine Cross

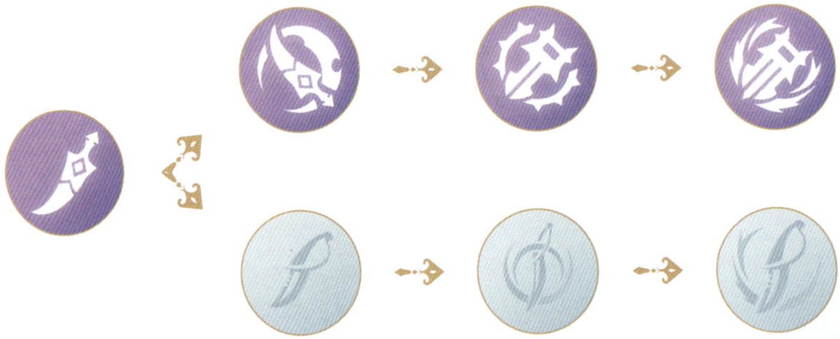

盗贼 Thief　　刺客 Assassin　　十字刺客 Assassin Cross　　十字切割者 Guillotine Cross

流氓
ROGUE

神行
STALKER

逐影
SHADOW CHASER

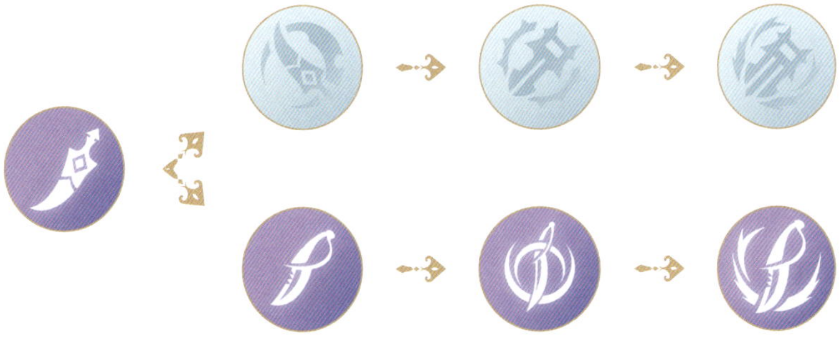

流氓
ROGUE

神行
STALKER

逐影
SHADOW CHASER

魔法师 MAGICIAN | 巫师 WIZARD | 超魔导士 HIGH WIZARD | 大法师 WARLOCK

魔法师 MAGICIAN | 巫师 WIZARD | 超魔导士 HIGH WIZARD | 大法师 WARLOCK

贤者 Sage　　智者 Professor　　元素使 Sorcerer

贤者 Sage　　智者 Professor　　元素使 Sorcerer

职业 CLASSES

服事 Acolyte | 牧师 Priest | 神官 High Priest | 大主教 Archbishop

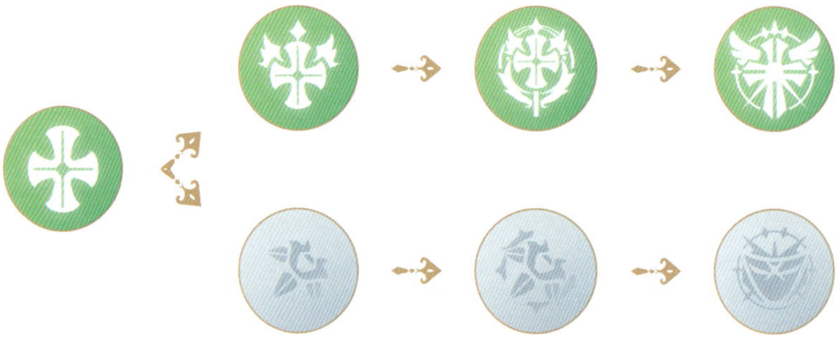

服事 Acolyte | 牧师 Priest | 神官 High Priest | 大主教 Archbishop

武僧
Monk

武术宗师
Champion

修罗
Shura

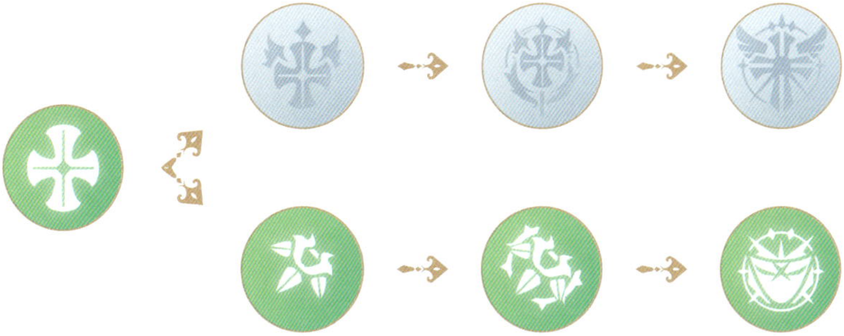

武僧
Monk

武术宗师
Champion

修罗
Shura

商人 MERCHANT　铁匠 BLACKSMITH　神工匠 WHITESMITH　机匠 MECHANIC

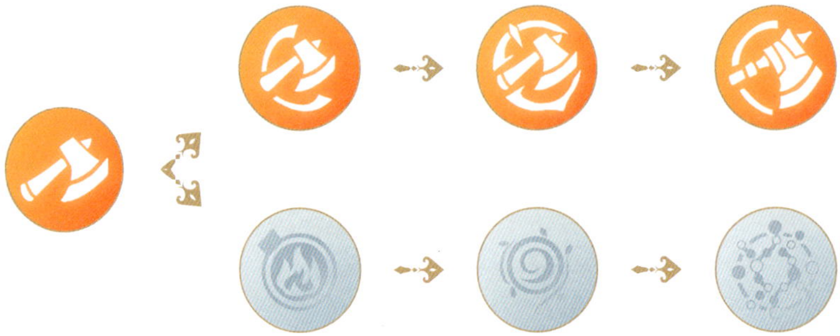

商人 MERCHANT　铁匠 BLACKSMITH　神工匠 WHITESMITH　机匠 MECHANIC

炼金术士
ALCHEMIST

创造者
CREATOR

基因学者
GENETIC

炼金术士
ALCHEMIST

创造者
CREATOR

基因学者
GENETIC

剑士 SWORDMAN | 骑士 KNIGHT | 骑士领主 LORD KNIGHT | 符文骑士 RUNE KNIGHT

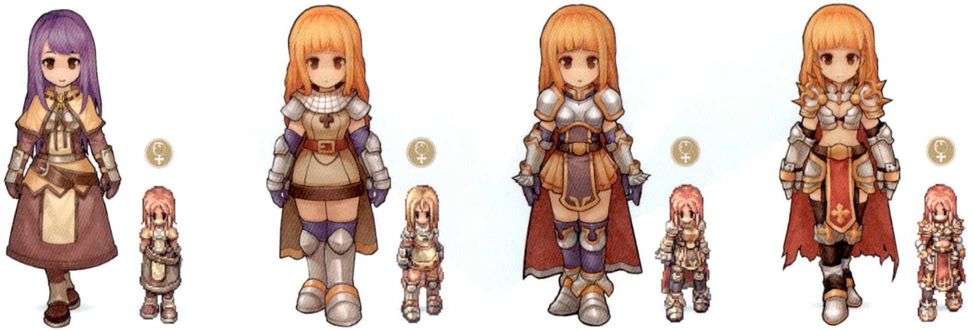

剑士 SWORDMAN | 骑士 KNIGHT | 骑士领主 LORD KNIGHT | 符文骑士 RUNE KNIGHT

十字军
CRUSADER

圣殿十字军
PALADIN

皇家卫士
ROYAL GUARD

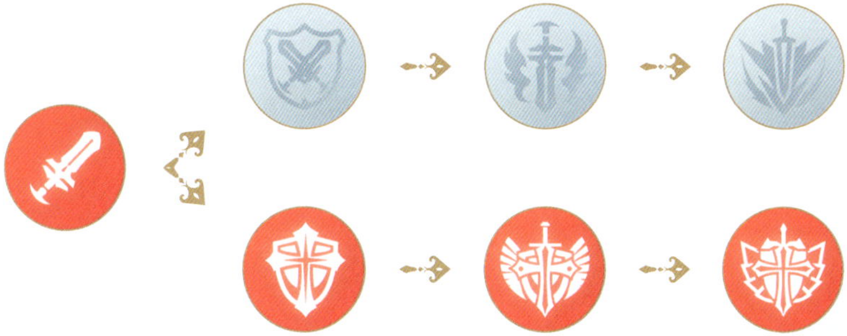

十字军
CRUSADER

圣殿十字军
PALADIN

皇家卫士
ROYAL GUARD

弓箭手 ARCHER | 猎人 HUNTER | 神射手 SNIPER | 游侠 RANGER

弓箭手转职分支一

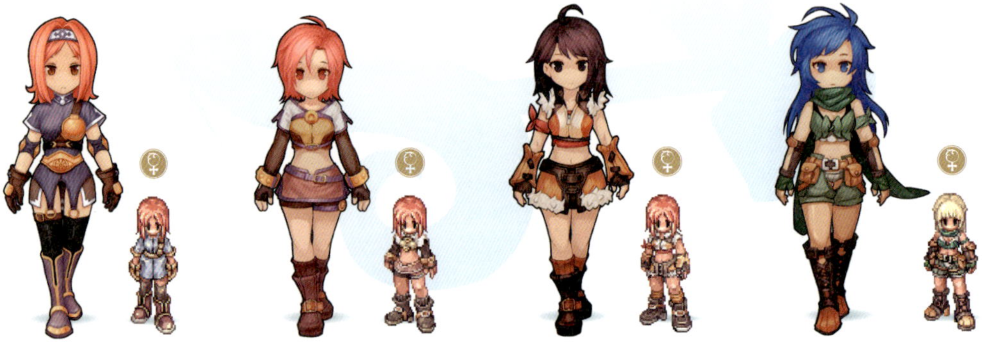

弓箭手 ARCHER | 猎人 HUNTER | 神射手 SNIPER | 游侠 RANGER

诗人
BARD

搞笑艺人
CLOWN

宫廷乐师
MINSTREL

弓箭手转职分支二 · 男性限定

弓箭手转职分支二 · 女性限定

舞娘
DANCER

冷艳舞姬
GYPSY

漫游舞者
WANDERER

DORAM 多兰族

来自远星大陆的神秘种族，居住在彩虹的彼岸，有着毛茸茸的兽耳与猫尾。他们生性活泼，十分聪明，拥有强烈的好奇心，同时热爱甜点与冒险。多兰族拥有强大的魔力，构成这个世界的时间有一部分就来自于他们的记忆。同时，他们拥有神奇的召唤能力，会运用海洋、植物与动物的力量，以独特的方式守护这个世界。

多兰族猫体色设定

多兰族猫原画设定 三视图

多兰族初心喵原画设定 三视图

多兰族初心喵
NOVICE

WARLOCK

多兰族一转　术士

NECROMANCER

多兰族二转　灵术师

SUMMONER
多兰族二转进阶　召唤师

MESMER
多兰族三转　唤灵者

ROYAL GUARD
皇家卫士

ARCHBISHOP
大主教

RUNE KNIGHT
符文骑士

WARLOCK
大法师

MINSTREL
宫廷乐师

WANDERER
漫游舞者

RANGER
游侠

MECHANIC
机匠

GUILLOTINE CROSS
十字切割者

SHADOW CHASER
逐影

GENETIC
基因学者

SORCERER
元素使

SHURA
修罗

WARLOCK
术士

NOVICE GUARDIAN
初心守护者

NOVICE GUARDIAN
初心守护者

STELLAR HUNTER
群星猎手

STELLAR HUNTER
群星猎手

灵魂之刃
SOULBLADE CROSS

Soulblade Cross

灵魂之刃

光子大师
LIGHTBRINGER

LIGHTBRINGER
光子大师

BEGETTER
生命缔造者

BEGETTER
生命缔造者

日之颂者

SOLAR TROUVÈRE

LUNA DANSEUSE

月之舞灵

时空领主
CHRONOMANCER

CHRONOMANCER
时空领主

影舞 PHANTOM DANCER

PHANTOM DANCER

影舞

神使 SAINT

神使 SAINT

龙神 DRAGON FIST

龙神

DRAGON FIST

无限法师

ARCANE MASTER

ARCANE MASTER
无限法师

世界圣盾
DIVINE AVENGER

DIVINE AVENGER

世界圣盾

魔剑士 RUNEMASTER

RUNEMASTER
魔剑士

契约灵 SPIRIT WHISPERER

SPIRIT WHISPERER
契约灵

哈沃德·阿尔特艾森

利力

艾勒梅斯·盖尔

莎西尔·迪文

玛嘉雷特·索林

赛依连·瓦恩萨

凯特莉娜·凯罗

诺曼

赛尼亚

[剑士]

赛尼亚

[初心者]

塞壬

［朱诺］

塞壬

［里希塔乐］

塞壬

［尼夫海姆］

耶梦加得

耶梦加得

[平行时空]

耶梦加得

［半神形态］

耶梦加得

［平行时空半神形态］

华莱士

薇格

海拉

[半神形态]

海拉

路克斯・耶尔・露格尼卡

莎缇拉・耶尔・露格尼卡

[鹰派]

莎缇拉・耶尔・露格尼卡

路克斯・耶尔・露格尼卡

莎缇拉・耶尔・露格尼卡

索斯

宝勒世伏

希默梅思
巴风特

莱特·托纳

里希塔乐镇卫兵

杰拉尔

火车长

加尔

圣诞老人

樱
伊达秀明
［樱的恋人］

杰克船长
多拉贡
猫咪卡普拉

嘉莉·布蕾
艾比·慕斯
波拉

摩根
雷藏
西芙

无名者
摩根
[女装]
海陆曼

B格猫星人
美羽
音乐精灵

准它公司经理

准它公司职员

达纳托斯

瓦尔基里

维琪
传令兵
忽克连

希盖伊兹

卢西娅

庞德

卡普拉 狄波萝太
管家 黛莉拉
幸福小姐

微笑小姐
卡普拉
W
卡普拉

DESIGN NPC设定

在旅途中，形象鲜活的 NPC 始终陪伴在冒险者的左右。每一座城市都有其独特的生活风貌，这也体现在当地人的日常穿着中。除此之外，在设计不同的 NPC 时，除了要仔细考量外在的细节，如何体现 NPC 本身的性格特点也是创作中十分重要的一环。

贝勒区男孩

打扫家庭的阿嬷

有钱的女市民

莱特·托纳

怪老头

梅尔区女孩

扫地机器人

变异伐木者

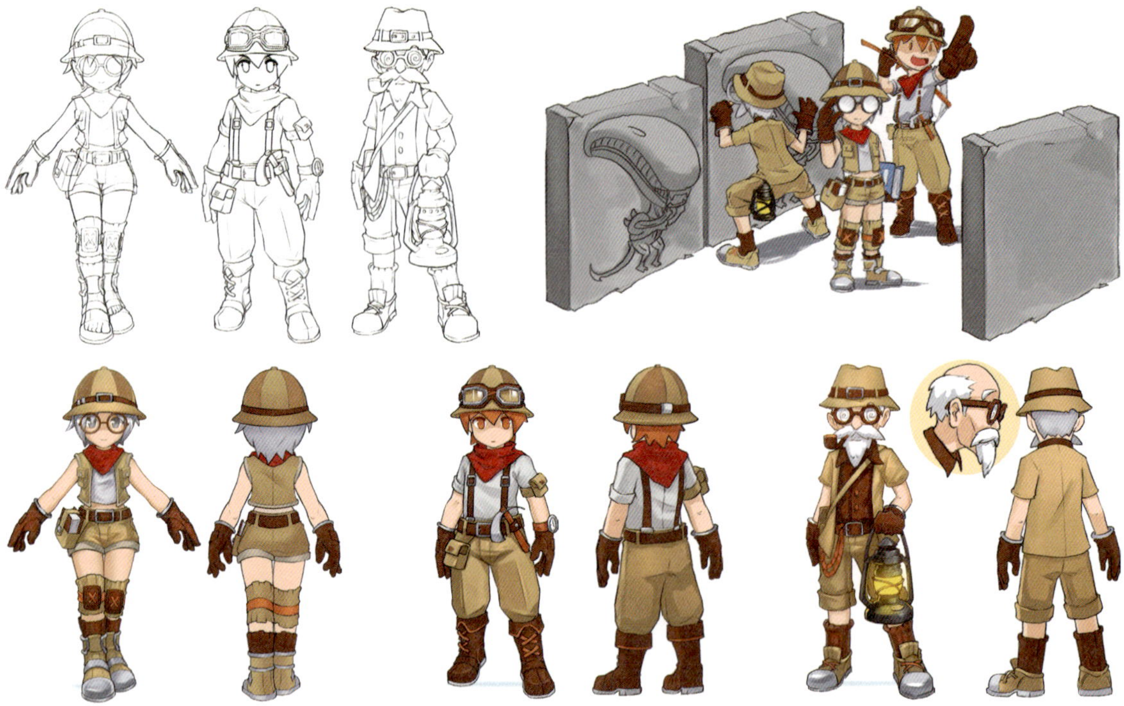

考古队队员

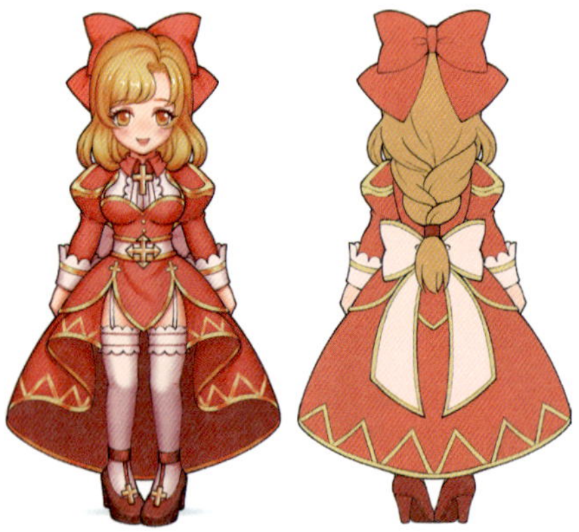

玛嘉雷特·索林

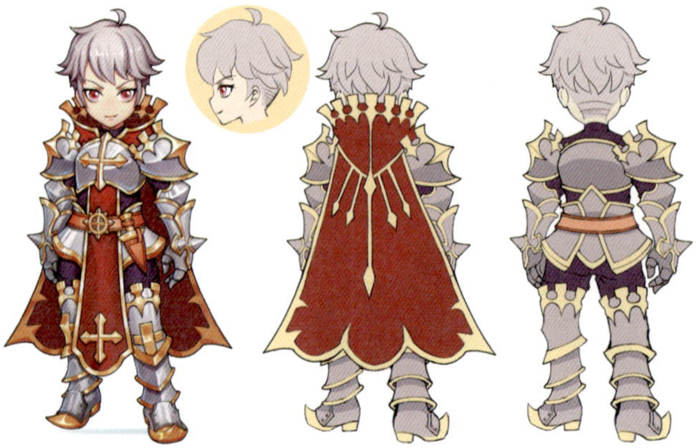

赛依连·瓦恩萨

雨檀族族长

雨檀族萨满

雨檀族小孩

生化巴风特

女武神 拉斯格瑞丝

来自神域阿斯加德的四翼女武神，隶属于英灵殿瓦尔哈拉。随着达纳托斯之塔的异变，拉斯格瑞丝接到神域的命令镇守在塔中的守护者大厅。她率领着秩序之刃与狂热之刃——两支分别以红与蓝为代表色的英灵部队。虽无力阻止日渐强大的诅咒，但为了防止塔中的诅咒外泄，她禁止弱者进入达纳托斯之塔中。

女武神装备设定

女武神 拉斯格瑞丝

奥术魔方

奥术魔方

远古傀儡

奥术魔方

可凝聚全元素魔力的能量结晶，其核心由智慧的巨人密米尔设计，矮人工匠的首领辛德亲手锻造。四周可变化的魔方外壁，是数十位祭司在神子巴德尔的指引下，以光之魔法刻印而成。

但达纳托斯在人间与魔王梦罗克一战之后，他的灵魂与魔剑即将融合为一，为防止魔剑形成的诅咒再次带来灾厄，奥丁决意启用被封存的魔方。从此，它便作为神的意志与枷锁，永世禁锢着死亡之塔。

意念聚合体

达纳托斯击败魔王梦罗克之后，将自己囚禁于塔中，灵魂日益被魔剑腐朽。在生命的最后，他叹息道：“软弱使我苦恼，牺牲使我悲哀，杀戮使我憎恨……而真正令我绝望的，是这残酷的命运。”

在魔剑的诅咒下，达纳托斯的四种负面情绪——苦恼、悲哀、憎恨与绝望，渐渐衍化为狰狞的魔物，成为意念聚合体，日夜在死亡之塔中徘徊。

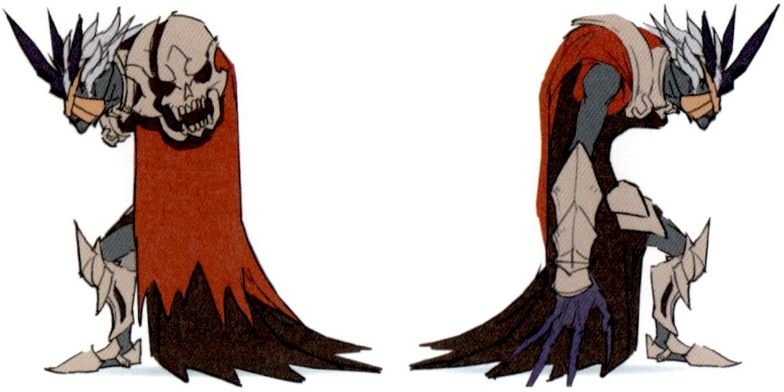

意念聚合体　悲哀 & 苦恼

THANATOS

魔剑士　达纳托斯

他是曾经拯救米德加尔特大陆的英雄。为了击败梦罗克，他得到了黑龙的魔剑，并为此付出了不可逆的代价。在死亡之塔与梦罗克决战后，他成功将其灵魂分割成七份，自己的魂魄则被魔剑的诅咒侵蚀，即将堕落为非人的魔物。为了防止诅咒外泄，达纳托斯在生命的最后一刻，请求神王将他封印在塔中。从此，魔剑和他一同被禁锢在死亡之塔，而这座高塔的顶端，就是这位英雄命运的归宿。

卡普拉 NPC

卡普拉是米德加尔特大陆上历史最悠久的物流服务公司。他们的工作人员秉承“诚实、信用、正直”三大原则，为每一位客人提供便捷高效的服务。除了无可挑剔的业务能力，卡普拉也以美少女员工众多而闻名，在卢恩王国甚至全大陆都收获了极高的人气。

卡普拉 妣妮

卡普拉 绣灵

卡普拉 狄波萝太

“KAFRA 欢迎来到卡普拉~”

卡普拉 KAFRA

卡普拉 克拉丽丝

卡普拉 W

莱昂纳多·慕斯

大冒险家 多拉贡

蝴蝶巡守队队长 尤金·绵爪

蝴蝶巡守队队员

杰克船长

伊蕾塔·绒绒

猫咪卡普拉

多兰族NPC

蝴蝶巡守队队员的帅气挺拔、大冒险家的果敢稳重、猫咪卡普拉的优雅灵动……虽说可爱永远是多兰族的第一要素，但猫咪们多元的职业与性格，也是设计中展示的重要部分。

拉赫 NPC

由于信仰女神的缘故，拉赫的居民平日的穿着打扮都以纯白简约的设计为主，此外还有独特的宗教元素作为服饰中的点缀，设计细节更丰富了这座城市的神秘色彩。

与居民不同的是，拉赫神职人员的服饰更加繁复。以象征圣洁的十字作为主要设计元素，再与衣间宝石的光芒相辉映，每一处都体现着神圣华丽之美。

拉赫男居民

拉赫居民小孩

拉赫女居民

男神官

女神官

轮椅老头

唱诗班少女

教皇母亲

少女教皇

教皇兄长

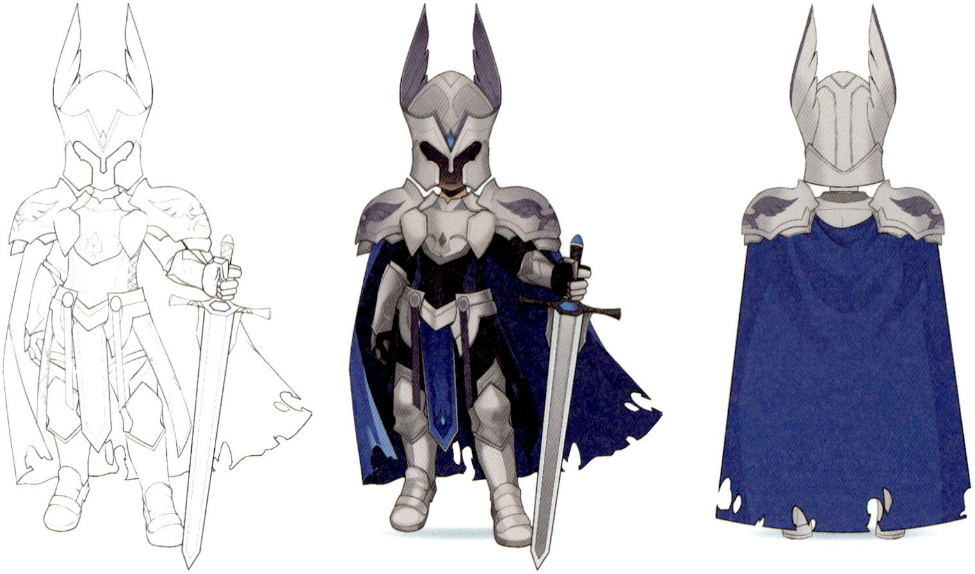

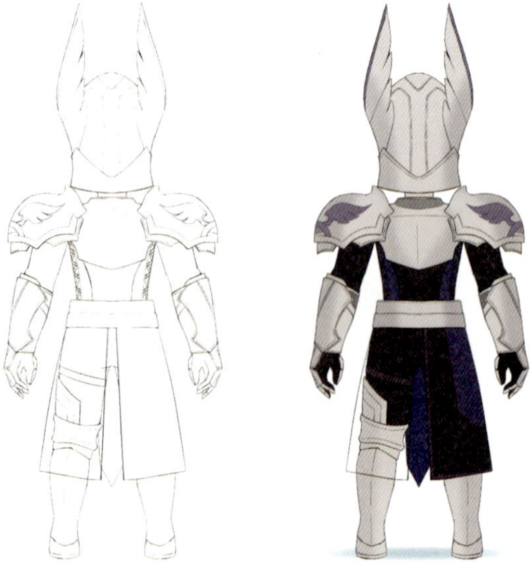

神谕 守卫官

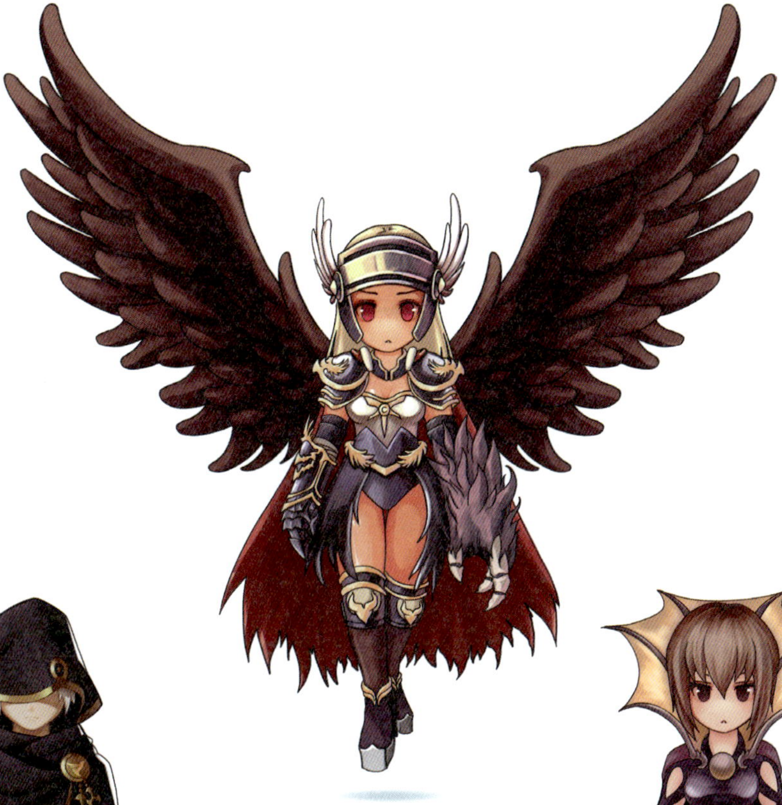

瓦尔基里

女神之手

希默梅思

塞壬

达纳托斯

卫兵队长

海拉

海拉［半神形态］

薇格

地狱犬

城镇中心的动物和休息的人

城镇中心盗窃厨房用具的人和追赶的人

竞技场门口的医护人员和伤者

城镇中心的艺术家们

飞空艇停机坪上的乘务员和驾驶员

灯塔旁边站立的人

公会附近罢工的海员和看热闹的人

码头附近休息的船员和围观的人

码头上的乘务人员和驾驶大型船只的人

鱼市上的顾客和招揽生意的人

鱼市附近小型商船上唱船歌和休息的人

鱼市附近钓鱼的人

Chapter

2

ATLAS

地图篇

跟随旅行的足迹，RO 世界的版图逐渐明晰。除了人类大陆米德加尔特，在这个神秘辽阔的世界中，还有冰雪仙境姜饼城、死者国度尼夫海姆、彩虹彼岸的远星大陆……每一片地域都有独特的风貌与历史，不知何处的风景最令你难以忘怀呢？

普隆德拉 PRONTERA
——卢恩·米德加尔特王国首都

卢恩·米德加尔特王国的首都普隆德拉是光辉繁荣的王城，也是一切冒险的起点。由于身处交通枢纽，这里汇聚了来自四面八方的人，商业贸易十分发达，是个极具包容性的城市。每个月在市中心的广场上，都会举办热闹丰富的活动。不管你出身何处，来到普隆德拉总能收获一份满满的冒险回忆。

普隆德拉 | 城门

普隆德拉 | 改建图

普隆德拉 | 规划图

普隆德拉｜冒险者公会

普隆德拉｜城市建筑

普隆德拉 | 民居一

普隆德拉 | 民居二

普隆德拉 | 民居三

普隆德拉 | 铁匠铺

普隆德拉 | 瞭望台的设计过程

普隆德拉 | 瞭望台

普隆德拉 | 主城商铺

冒险者公会

每一名初心者来到普隆德拉后，必然前往冒险者公会拜访职业导师。在这里，高级导师希盖伊兹会为来访者指明职业道路。大厅中央静静地立着王者之像，象征神王奥丁遗留人间的意志，代表永恒不变的坚定力量。

普隆德拉 | 圣歌大教堂

圣歌大教堂

圣歌大教堂位于普隆德拉东侧，是该市最圣洁的地方。阳光穿透精致的彩绘玻璃，撒下明亮又安宁的光辉。这里也是神圣的结婚殿堂，每一对新人伴随着管风琴的演奏，沐浴在赞美诗的祝福中，携手走向人生新的旅途。

普隆德拉 | 圣歌大教堂

普隆德拉 | 圣歌大教堂内部细节

普隆德拉｜圣歌大教堂的内部

普隆德拉皇宫

多年前，国王特里斯坦三世耗费了大量人力兴建宫殿。宏伟尊荣，光辉闪耀，每一处细节都彰显王室的尊贵。虽然是皇家居所，但依然向普通百姓们开放参观。除此之外，皇家料理协会也位于宫殿内，随时敞开大门迎接世界各地的料理师到来。

普隆德拉皇宫 | 执事大厅

普隆德拉皇宫 | 执事大厅的家具

普隆德拉皇宫 | 执事大厅的喷泉

普隆德拉皇宫 | 料理大厅

普隆德拉皇宫二层 | 王座

普隆德拉皇宫二层

普隆德拉 | 试炼场

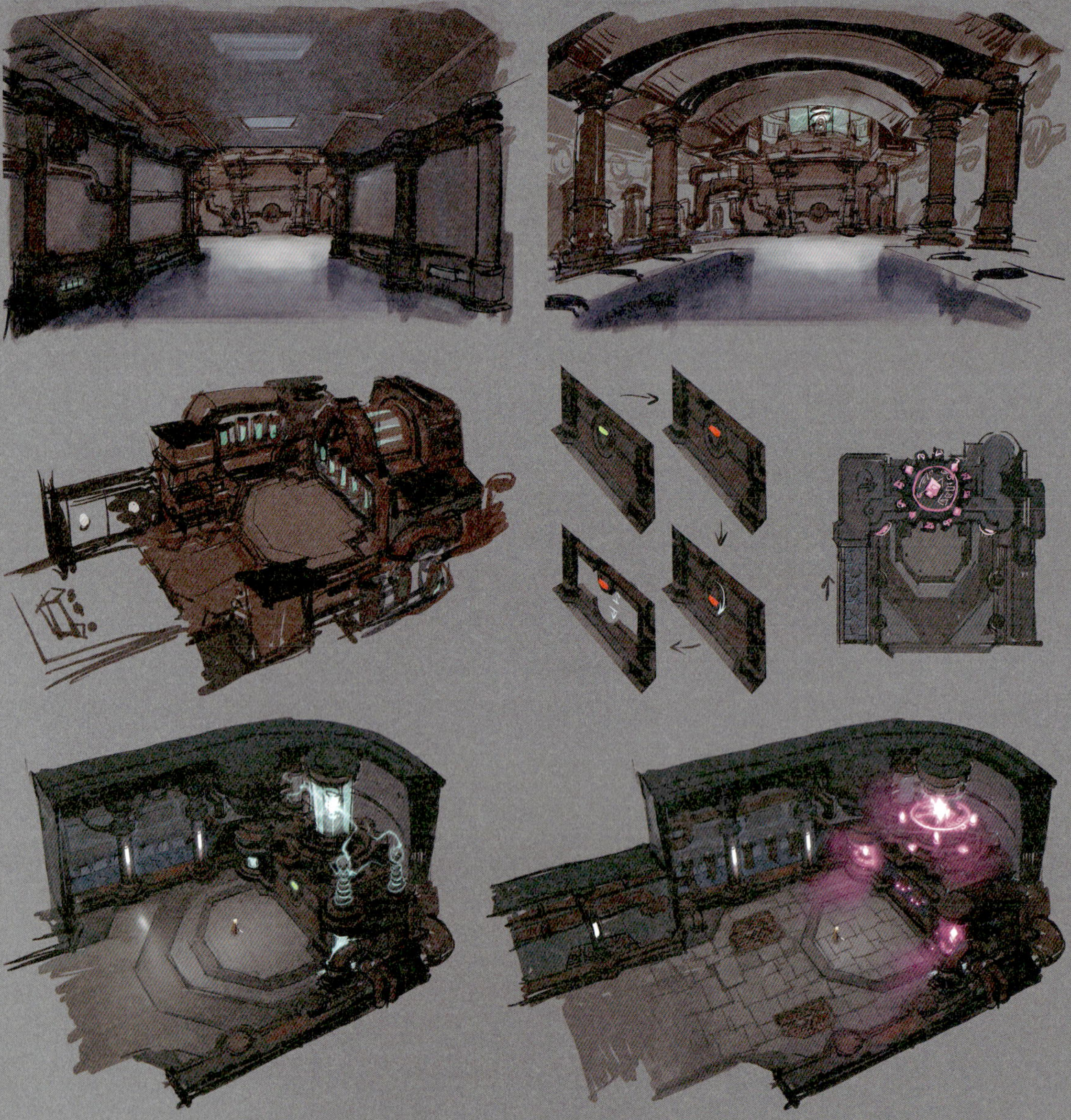

普隆德拉 | 训练场概念图

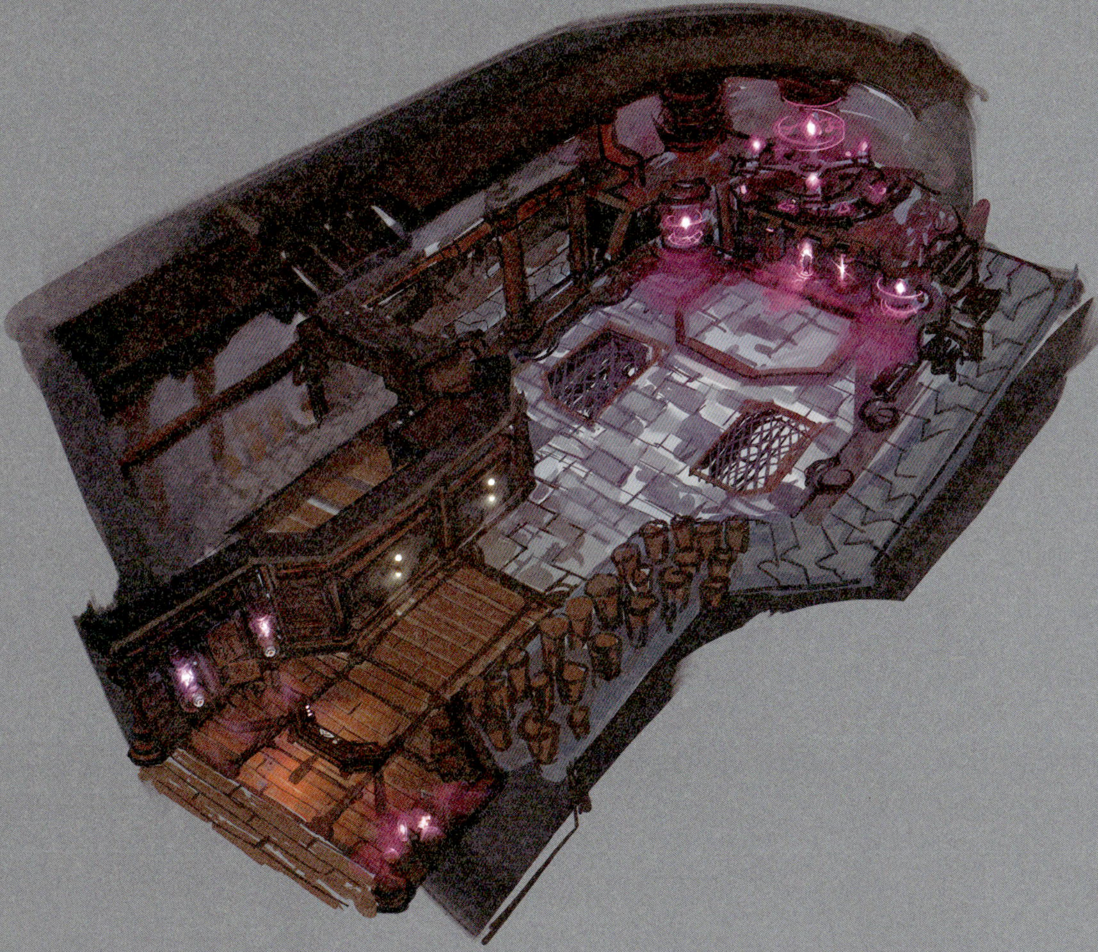

普隆德拉｜训练场

普隆德拉 | 训练场局部

普隆德拉丨训练场局部细节

幻想创造器

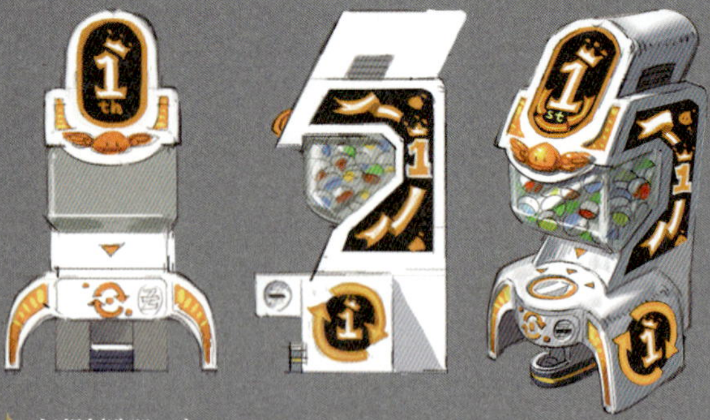

幻想创造器　宴

星座占卜 贝尔丹迪

星喵塔罗牌

普隆德拉南门｜城门

普隆德拉南门｜路标旗帜

普隆德拉南门 | 植物

普隆德拉南门 | 旅行者营地

普隆德拉南门 | 换装舞台

普隆德拉南门 | 岗哨

普隆德拉南门 | 乐园团摊位

普隆德拉南门 | 小火车

普隆德拉南门 | 乐园团

普隆德拉南门 | 石头

普隆德拉南门 | 留声机

留声机俯视图

普隆德拉南门 | 卡普拉保卫战底座

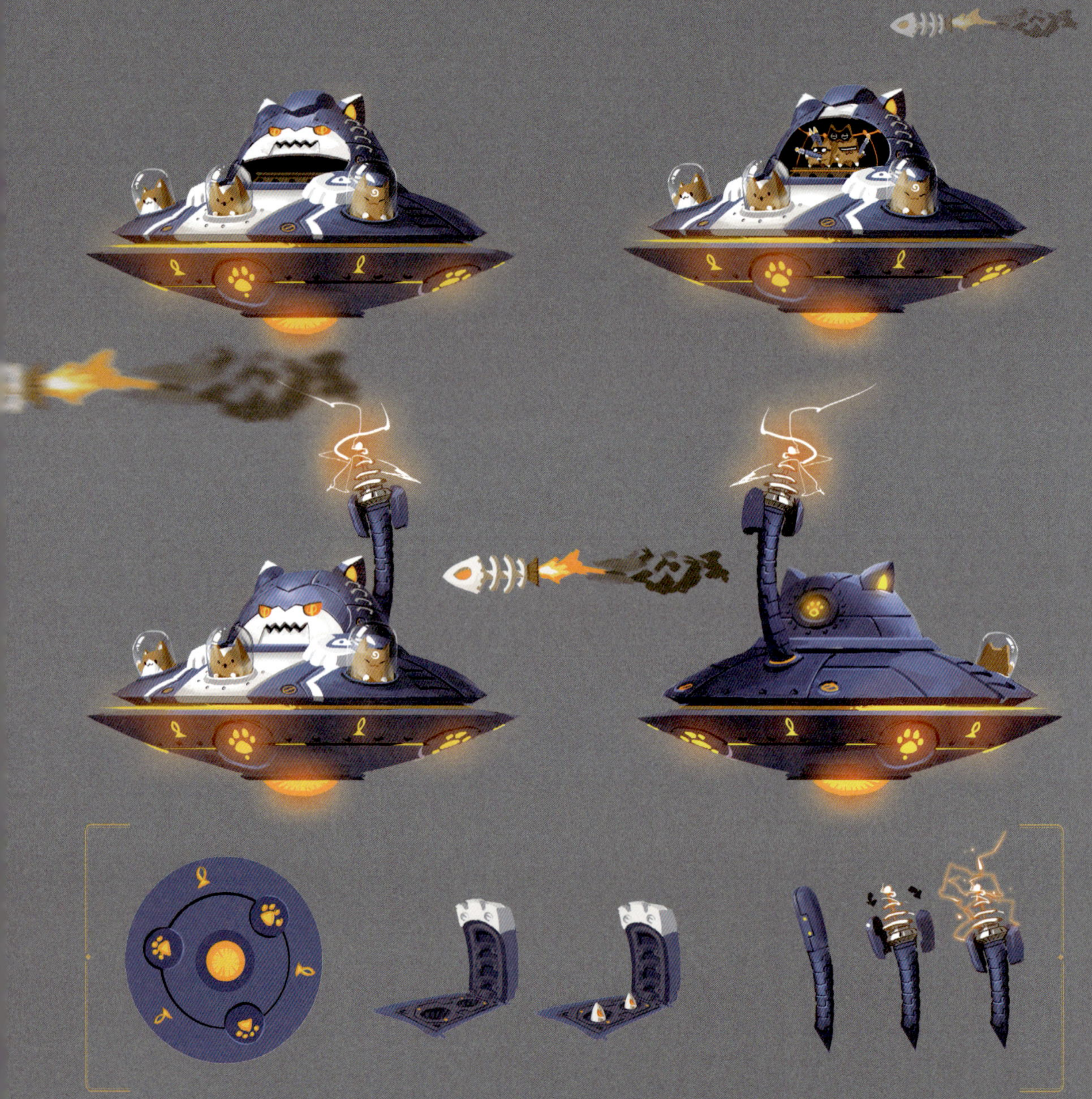

普隆德拉西门 | 猫飞碟

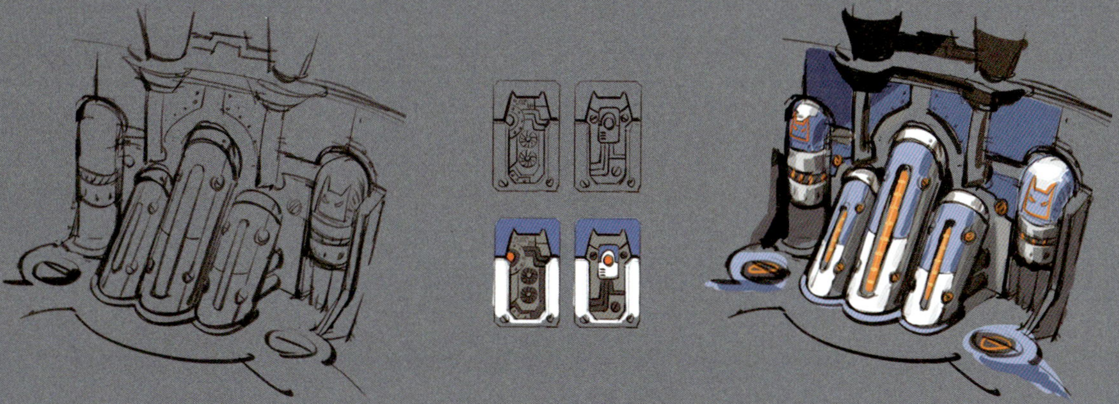

普隆德拉西门｜猫飞碟内部

普隆德拉西门 | 磨坊木桥

普隆德拉西门 | 空中庭园

普隆德拉 | 下水道

普隆德拉 | 北部

依斯鲁得 IZLUDE

——卫星之城

剑士们的家乡，如卫星般守卫在普隆德拉一侧的城市。凭依大海而建，富有独特的港口风情。由于交通依托水路，可以利用船只前往其他海港。港口边聚集了许多水手与异乡的旅人，他们的故事，也让这座城市更加生动有趣。

依斯鲁得｜南部鱼市

依斯鲁得｜西部花园

依斯鲁得 | 剑士公会

依斯鲁得｜利维亚桑号

◈ 依斯鲁得 | 酒馆旅店

◈ 依斯鲁得 | 杂货铺

◈ 依斯鲁得 | 香槟蓝集市

◈ 依斯鲁得 | 城防处

依斯鲁得 | 飞空艇

依斯鲁得局部

依斯鲁得 | 荣光纪念碑草图

依斯鲁得 | 荣光纪念碑

依斯鲁得 | 柏伊亚岚岛

海底神殿 | 鲸鱼载具

海底洞穴 | 宝藏区

海底洞穴局部

海底洞穴局部

幽灵船内部

恩德勒斯塔内部

GEFFEN
吉芬——魔法之都

充满神秘色彩的魔法之都，大名鼎鼎的魔法学院便位于此处。城市名字的原意是神造的天堂。本来是一座浮岛，后来因为魔法的力量改变了地貌。据说在吉芬的地下，隐藏着远古时代留下的秘密遗迹，只有最勇敢的冒险者才能探索。

吉芬塔大厅

吉芬丨圣月图书馆

魔法学院校长办公室

吉芬塔地下

吉芬 | 哥布灵小屋

吉芬 | 哥布灵森林全景

吉芬 | 哥布灵小屋

吉芬 | 哥布灵王座森林

吉芬丨哥布灵王座

吉芬 | 克特森林

吉芬 | 兽人村

MOROCC
梦罗克——沙漠之都

悄然屹立于沙漠中的城市。四周荒芜，土地贫瘠，而梦罗克依托绿洲而建，拥有悠久的文明，也是刺客们的故乡。多年前，人类英雄达纳托斯在此封印了异世界的魔王，为了让世人引以为戒，达纳托斯便以魔王的名字给这座城市命名，即“梦罗克”。在这里，每一粒黄沙都沉淀着历史，在风中诉说过去的岁月。

梦罗克｜金字塔内的雕像

梦罗克｜金字塔一层

梦罗克 | 千年魔方

梦罗克 | 金字塔二层

梦罗克 | 封印之间

梦罗克 | 苏克拉特沙漠

梦罗克 | 封印之间

梦罗克 | 蚂蚁地狱

梦罗克 | 蚂蚁密穴局部

梦罗克 | 蚂蚁密穴

波利岛

波利岛｜波利鲸鱼

波利岛｜水上乐园

波利岛 | 城堡

波利岛全貌

斐扬 PAYON
——山岳之都

位于深山中的小城，历史十分悠久，是猎人的故乡，一草一木都充满了古典风味。由于地形封闭，斐扬的贸易并不发达，主要以手工业作为商业的基石。百姓似乎并不喜欢外来旅人，但对于实力强劲的对象，也会给予充分的尊重。

斐扬南部及局部细节

斐扬树林

斐扬洞窟一层

斐扬洞窟二层

GLAST HEIM
克雷斯特汉姆古城

——漆黑城堡

随着时间流逝而渐渐沉默的古城，传说是神王奥丁创造的最后一座都市。曾经无比繁华，由于黑暗力量的入侵变得破败。直至今天，这里已然成为一片满是恶魔和冤魂的危险地带。女祭司希默梅思带领着女神之手，又在古城中酝酿着新的阴谋……

克雷斯特汉姆古城 | 大厅

克雷斯特汉姆古城 | 破旧祭坛

克雷斯特汉姆古城｜遗迹

克雷斯特汉姆古城｜墓地

克雷斯特汉姆古城｜下水道入口

克雷斯特汉姆古城 | 大厅王座

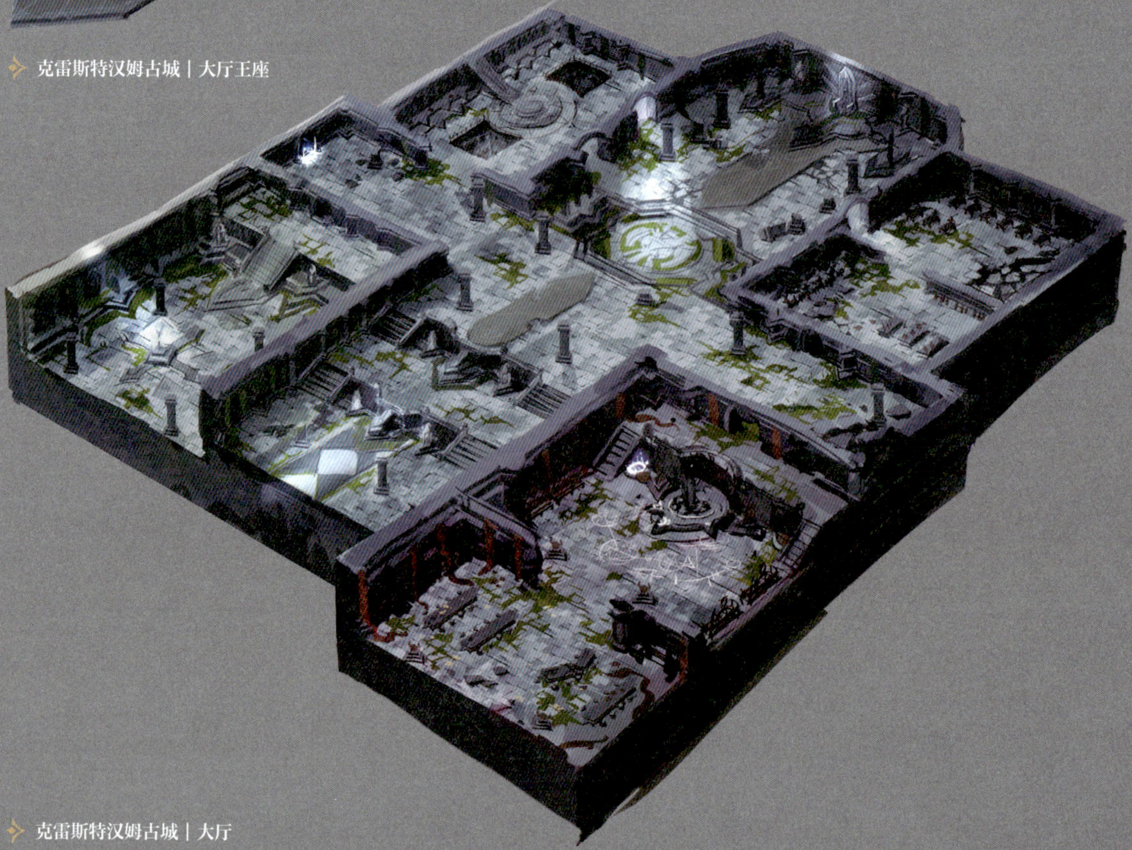

克雷斯特汉姆古城 | 大厅

克雷斯特汉姆古城 | 骑士团大厅

克雷斯特汉姆古城 | 下水道

克雷斯特汉姆古城 | 地下墓地

克雷斯特汉姆古城 | 地下墓地雕像

克雷斯特汉姆古城 | 下水道部件

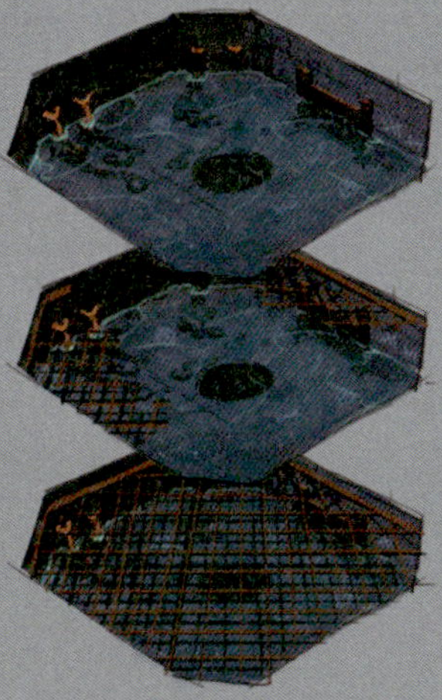

克雷斯特汉姆古城 | 下水道部件

克雷斯特汉姆古城 | 郊外龙区局部

克雷斯特汉姆古城 | 郊外龙区局部

克雷斯特汉姆古城 | 郊外龙区局部

克雷斯特汉姆古城｜郊外龙区局部

克雷斯特汉姆古城｜郊外龙区大门

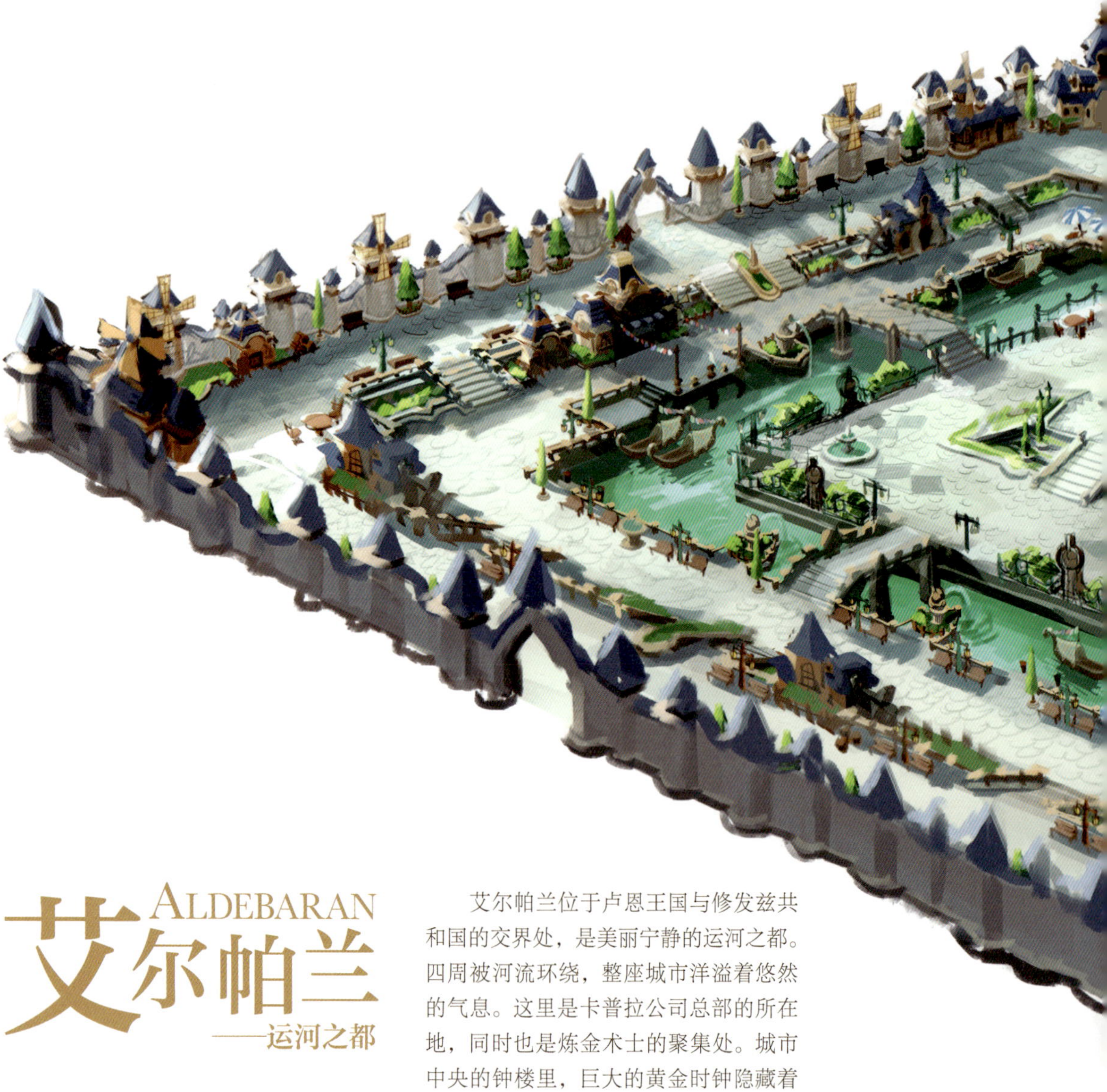

ALDEBARAN 艾尔帕兰
——运河之都

艾尔帕兰位于卢恩王国与修发兹共和国的交界处，是美丽宁静的运河之都。四周被河流环绕，整座城市洋溢着悠然的气息。这里是卡普拉公司总部的所在地，同时也是炼金术士的聚集处。城市中央的钟楼里，巨大的黄金时钟隐藏着关于时空的神秘力量……

艾尔帕兰 | 城市景观

艾尔帕兰 | 平房

艾尔帕兰 | 钟楼外观

艾尔帕兰 | 码头

艾尔帕兰 | 平房

艾尔帕兰 | 卡普拉公司总部

艾尔帕兰 | 卡普拉中心咖啡馆

艾尔帕兰 | 炼金术士公会

艾尔帕兰 | 教堂

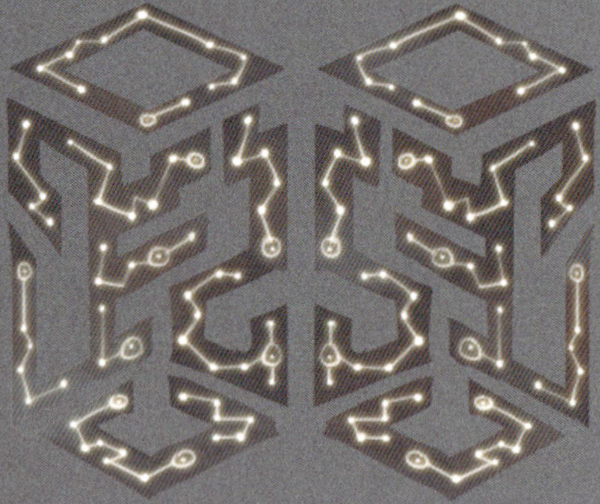

艾尔帕兰 | 钟楼一层

艾尔帕兰 | 钟楼二层

艾尔帕兰｜钟楼二层

艾尔帕兰 | 钟楼地下雕像

艾尔帕兰 | 钟楼地下水车拆分

艾尔帕兰 | 钟楼地下

XMAS 姜饼城
——白雪村落

传说中的幻想之域，白雪覆盖的奇幻城市。圣诞老人、麋鹿和欢笑的孩子们，构成了一篇冰天雪地中的美丽童话。然而，在童话的背后却隐藏着令人悲哀的真相。面对正在转动的命运齿轮，能否有一束光芒闪耀，驱散此处的黑暗？

姜饼城｜教堂

姜饼城｜玩具仓库

姜饼城｜圣诞老人的屋子

姜饼城｜民居

姜饼城｜圣诞雪橇

姜饼城｜驯鹿站

姜饼城｜礼物

姜饼城｜圣诞老人的屋子内部

姜饼城 | 马戏团内部

姜饼城 | 马戏团外部

姜饼城 | 玩具店外部

姜饼城 | 玩具店内部

姜饼城 | 一周年蛋糕

姜饼城 | 玩具工厂

朱诺 YUNO

——修发兹共和国首都

整座城市依靠伊米尔之心碎片的力量悬浮于空中，因此被称作天空之城，也是该共和国最神圣的城市。著名的贤者学院与夜莺剧院皆位于此。雷根贝勒公司也派遣了大批科学家在此做研究。科学与魔法的力量，在朱诺不可思议地交织着。

朱诺｜住宅一

朱诺｜贤者学院

朱诺｜城堡

朱诺｜夜莺剧院

朱诺｜雷根贝勒研究所

朱诺｜住宅二

朱诺｜海姆达水晶详解

朱诺｜海姆达水晶

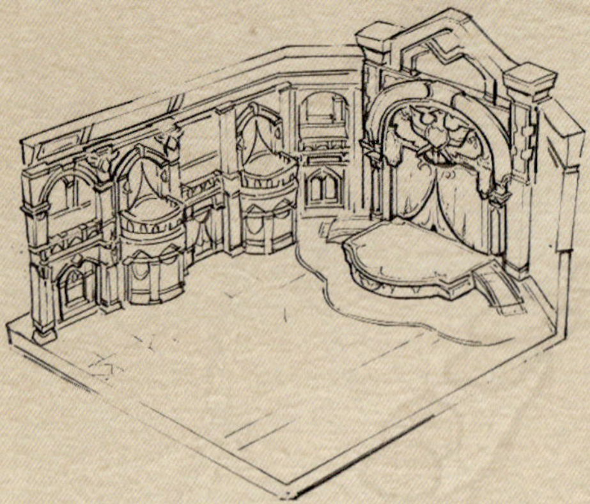

朱诺｜夜莺剧院

朱诺｜广场

朱诺｜飞空艇站台

朱诺丨国境检查站

朱诺｜国境检查站

朱诺｜艾因布洛克原野

朱诺 | 研究室

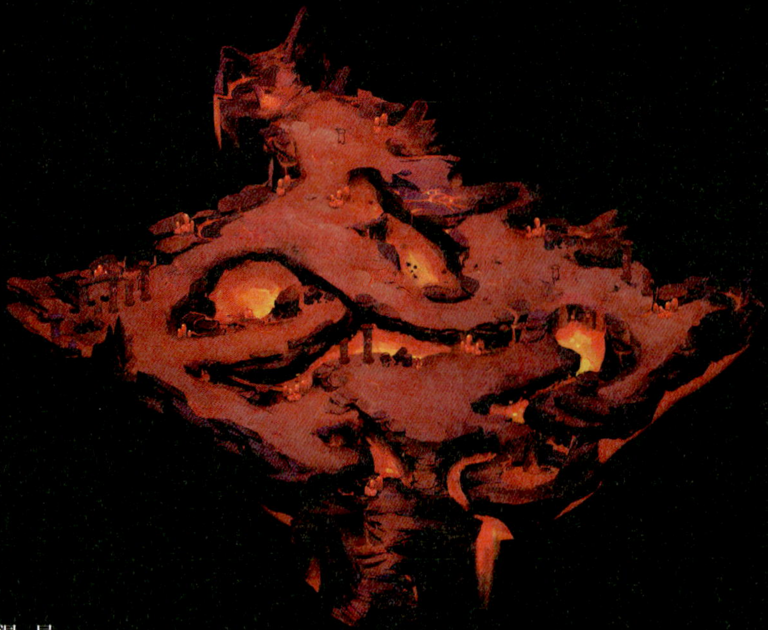

朱诺 | 熔岩洞一层

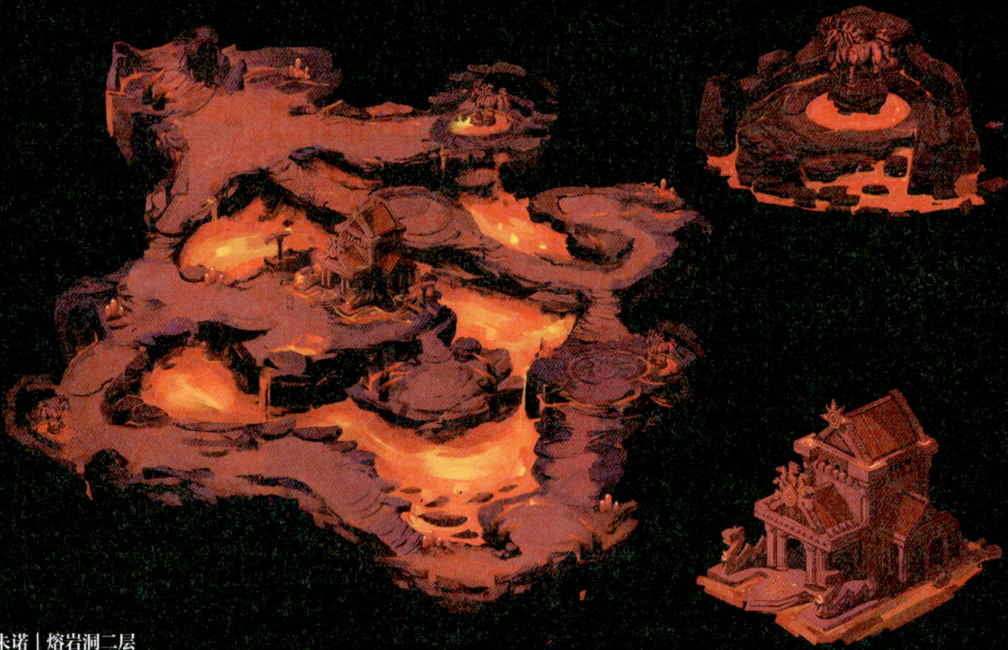

朱诺 | 熔岩洞二层

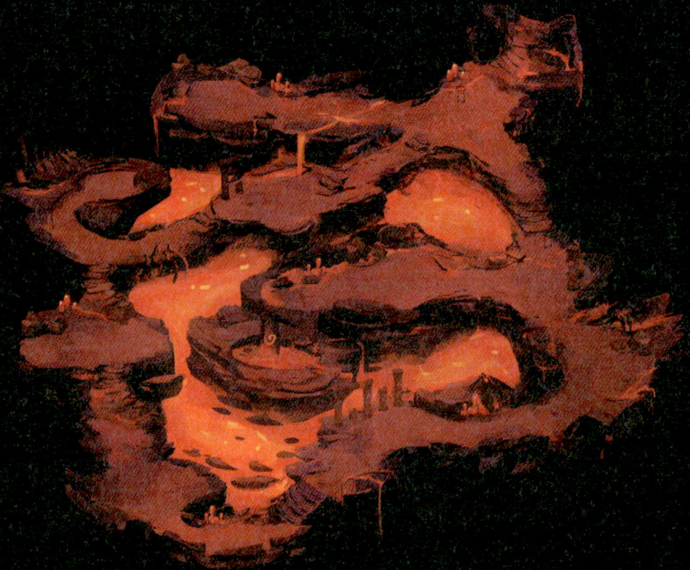

朱诺 | 熔岩洞三层

朱诺 | 守护者大厅

朱诺 | 枷锁之间

朱诺｜封印之间

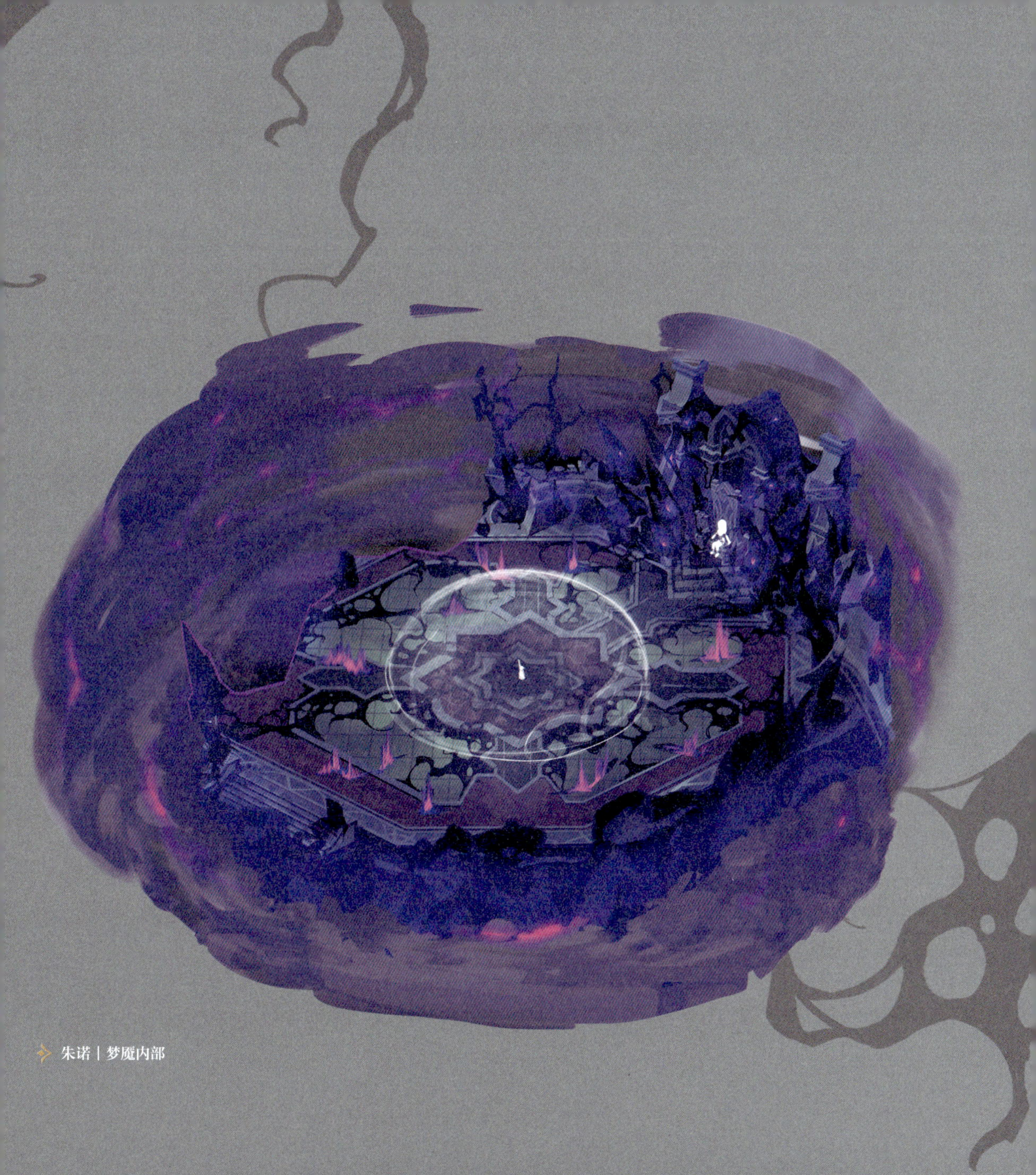

朱诺 | 梦魇内部

AMATSU
天津町
——天水之国

在依斯鲁得的港口乘船便可来到遥远的天水之国。在天津町，整座城都飘扬着樱花花瓣，故这里也被称为樱花之都。此处流传着许多动人的爱情故事，也让这里笼罩着一层梦幻的浪漫气息。

天津町 | 樱花神社上色过程

天津町 | 神社的路灯

天津町 | 神社的猫雕像

天津町 | 神社的鸟居

天津町｜神社的围墙

天津町｜神社的桥

天津町｜神社区

天津町｜杂货店装饰

天津町｜杂货店

天津町 | 蜜月之家

——死亡国度

尼夫海姆

NIFLHEIM

灵魂的相遇，亡者的聚会，生命将在此处迎来休止符，这里是死者之都——尼夫海姆。死去的人徘徊在此，等待转生的轮回，抑或是永恒的消散。死亡女神海拉管理着这座城市，她通悉万物，而众生中又有谁能知晓她的秘密？

尼夫海姆 | 景观

尼夫海姆 | 尤瑟金妮的诊所

尼夫海姆 | 房屋

尼夫海姆 | 广场

尼夫海姆 | 武器店

尼夫海姆｜雾之森林

尼夫海姆 | 景观

尼夫海姆 | 景观

尼夫海姆 | 传送门

尼夫海姆 | 两个吊死鬼酒馆

尼夫海姆 | 两个吊死鬼酒馆 细节刻画

尼夫海姆 | 尼夫海姆 66 号

尼夫海姆｜尼夫海姆 66 号室内

尼夫海姆 | 往生者祭坛

尼夫海姆丨埃琉德尼尔宫殿全貌

尼夫海姆丨埃琉德尼尔宫殿近景

尼夫海姆 | 埃琉德尼尔宫殿

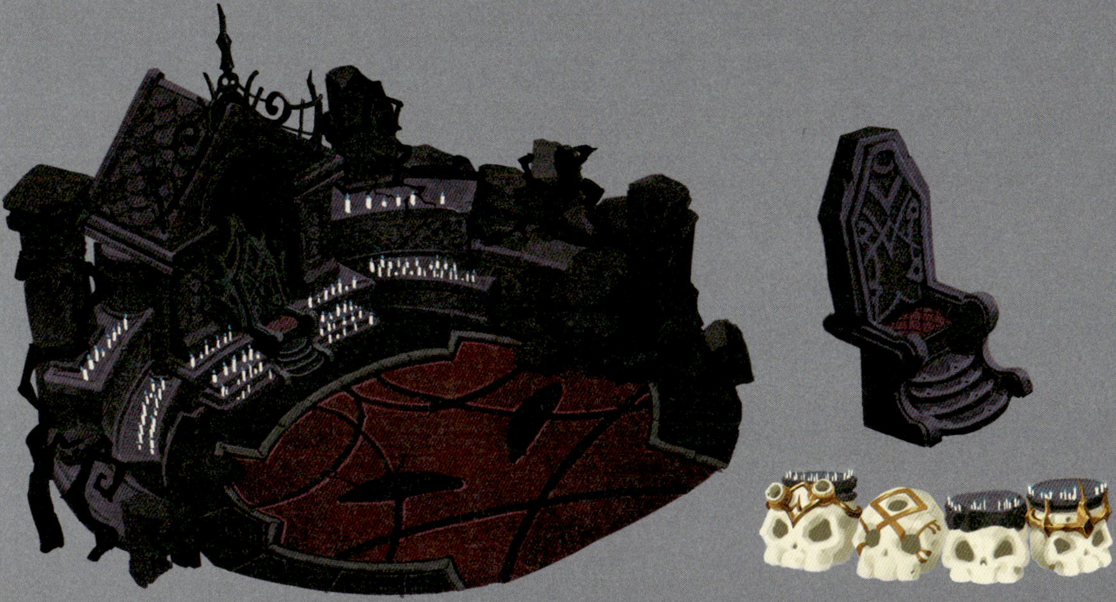

尼夫海姆 | 埃琉德尼尔宫殿 海拉王座

尼夫海姆 | 埃琉德尼尔宫殿 细节

尼夫海姆｜斯凯领顿

尼夫海姆 | 哈默林

——雨檀族村落

汶巴拉
UMBALA

宁静的原始村落，地处米德加尔特王国的西部，拥有与外界全然不同的独特文化。除了原住民雨檀族之外，这里还居住着神秘的浮空精灵。传说中的天地树也生长于此，若从树上一跃而下，便可前往遥远的死者国度。

汶巴拉｜雨檀族村落

汶巴拉 | 赫瓦格密尔

汶巴拉 | 赫瓦格密尔之路

——企业之都

里希塔乐 LIGHTHALZEN

里希塔乐曾是修发兹共和国的工业重镇，如今是雷根贝勒公司的总部所在地。在这里，富裕和饥贫正前所未有地对立着。平静的表象岌岌可危，如同有只操纵全局的手，将此处暗涌的浪潮压抑至沉寂……

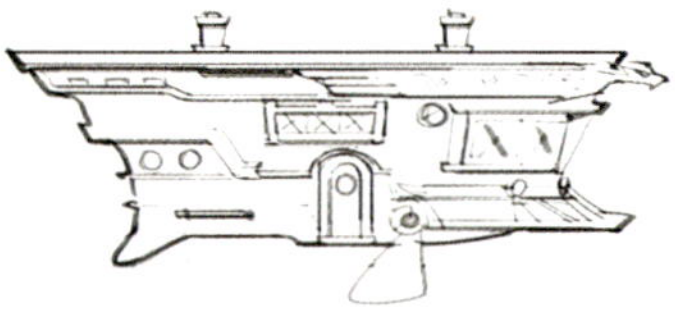

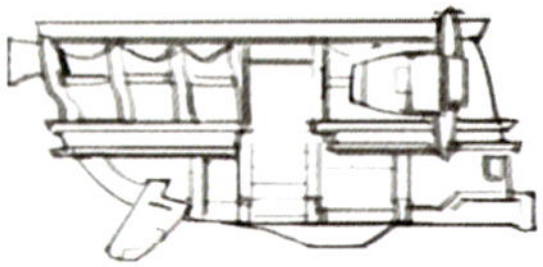

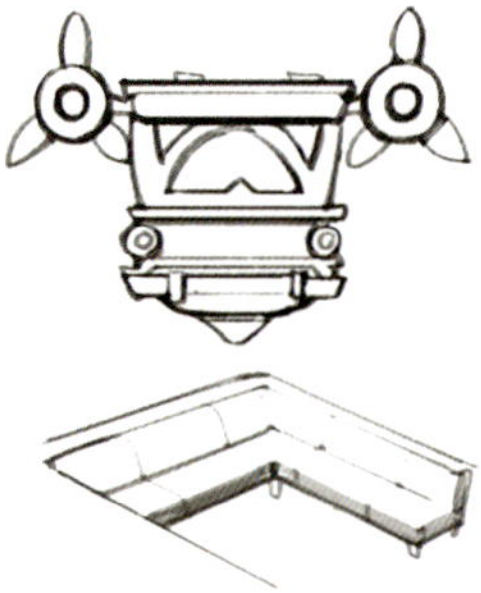

里希塔乐 | 飞空艇

里希塔乐｜总统套房

里希塔乐 | 火车

里希塔乐 | 维修火车场景

里希塔乐｜火车旅客车厢

里希塔乐｜火车餐车

里希塔乐 | 火车华丽车厢

里希塔乐 | 火车车厢内饰

里希塔乐｜飞空的房间外部

里希塔乐｜飞空的房间内部

雷根贝勒公司草图

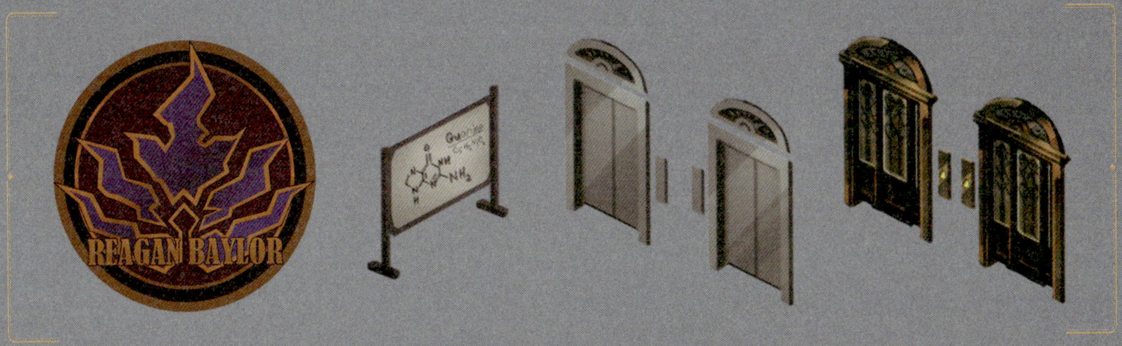

雷根贝勒公司

雷根贝勒公司 | 生命体研究所一层研究仓

雷根贝勒公司 | 生命体研究所一层消防间

雷根贝勒公司 | 生命体研究所一层走廊

雷根贝勒公司｜生命体研究所一层工作台

雷根贝勒公司｜生命体研究所资料架

雷根贝勒公司｜生命体研究所一层守卫雕像

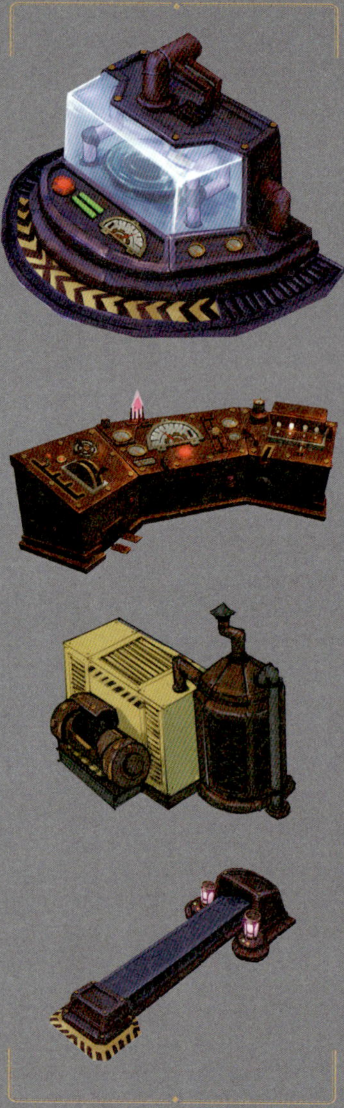

雷根贝勒公司 | 生命体研究所二层

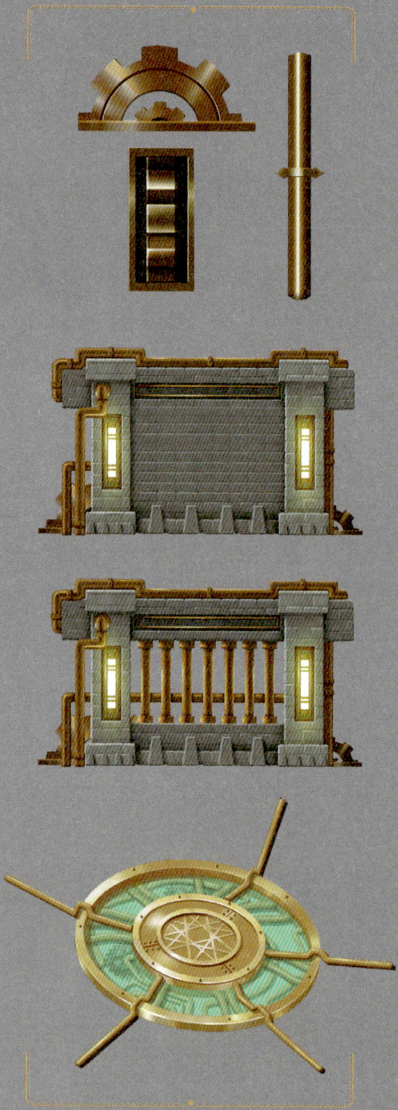

雷根贝勒公司 | 生命体研究所三层

ROTHANA 罗扎纳

——彩虹彼岸

位于远星大陆，是一座小巧的港口城市，也是多兰族猫咪的家乡。城中的建筑精致可爱，弥漫着蛋糕与糖果的甜蜜气息。城市中央有一棵巨大的红苹果树，每年猫咪们都会在这里举办盛大的狂欢庆典。

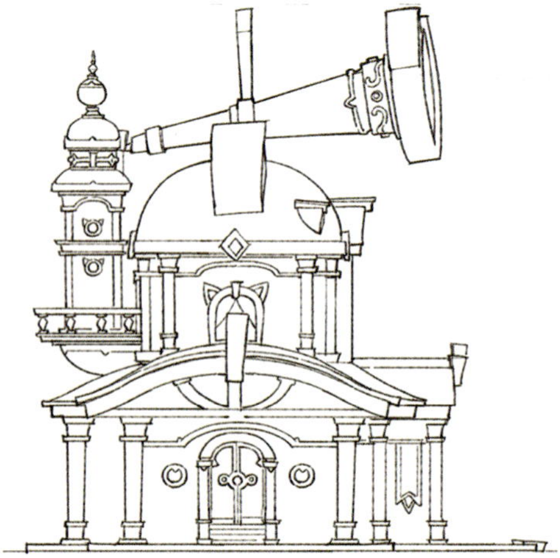

罗扎纳 | 勘测屋

罗扎纳 | 勘测屋景观

罗扎纳 | 宝藏洞窟的入口

罗扎纳 | 安沙尼亚港

罗扎纳 | 珍珠池塘

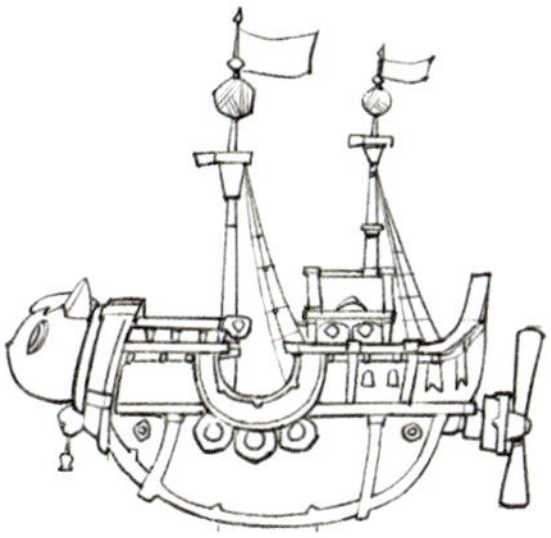

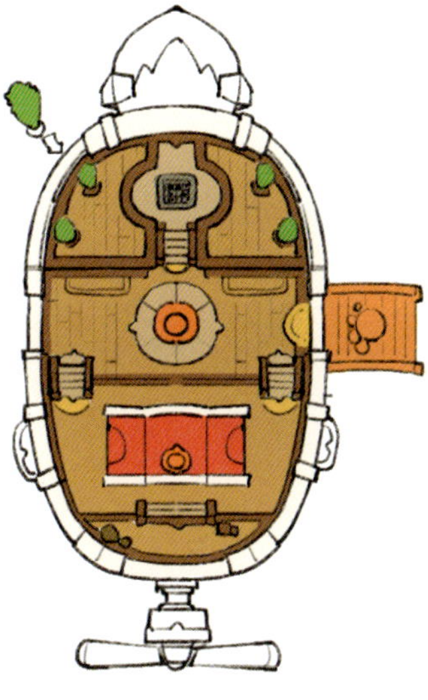

罗扎纳｜康奇丽娜号

✧ 罗扎纳 | 烤箱酒吧

罗扎纳 | 面包屋

罗扎纳 | 松饼岗亭

罗扎纳 | 小渔船

罗扎纳 | 小码头（局部）

罗扎纳｜小甜品店

罗扎纳｜红苹果广场

罗扎纳｜雪糕之门

罗扎纳｜铃铛之门

罗扎纳｜宴会之钟

罗扎纳｜多兰秘境

罗扎纳 | 宝藏洞窟（局部）

罗扎纳 | 宝藏洞窟

罗扎纳｜泪之湖

罗扎纳｜罗比奥森林鸟巢

罗扎纳｜泪之湖湖底

罗扎纳｜罗比奥森林

罗扎纳 | 多拉贡岛

拉赫 RACHEL

——阿卢纳贝兹教国首都

阿卢纳贝兹教国的首都，位于沙漠中。教国的人们信仰女神，而教皇拥有至高的权威。城市南部的格里高利博物馆，承载着教国从古至今的历史文明。一直以来，拉赫以迷人的自然风光和温和的民风著称，是米德加尔特大陆上最神秘美丽的城市之一。

拉赫主城｜格里高利博物馆

拉赫主城｜铁匠铺

拉赫主城｜裁缝铺

拉赫主城 | 长眠之地（局部）

拉赫主城 | 女神祭坛

拉赫主城 | 长眠之地

拉赫主城｜救赎之地

拉赫主城｜圣洁之地

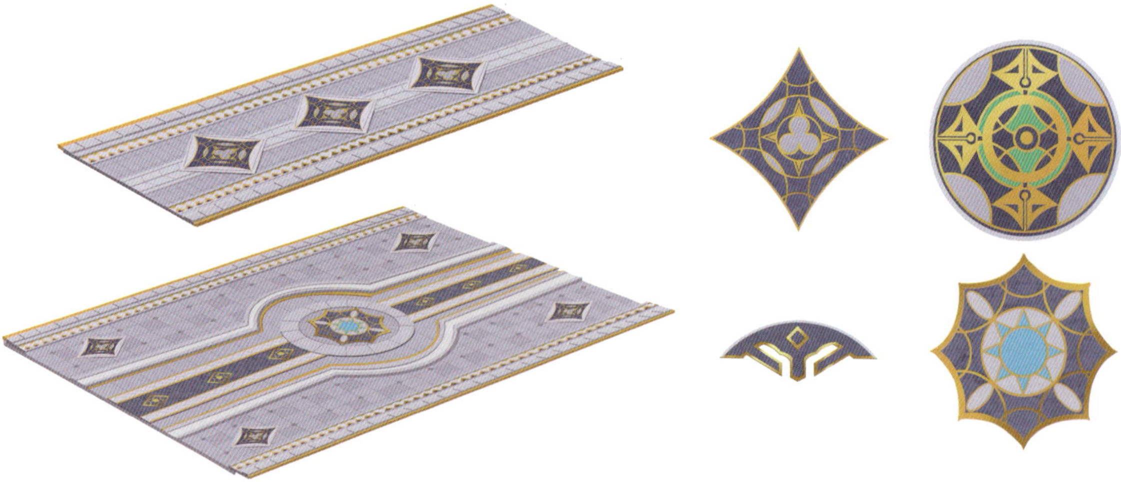

拉赫主城｜中央广场

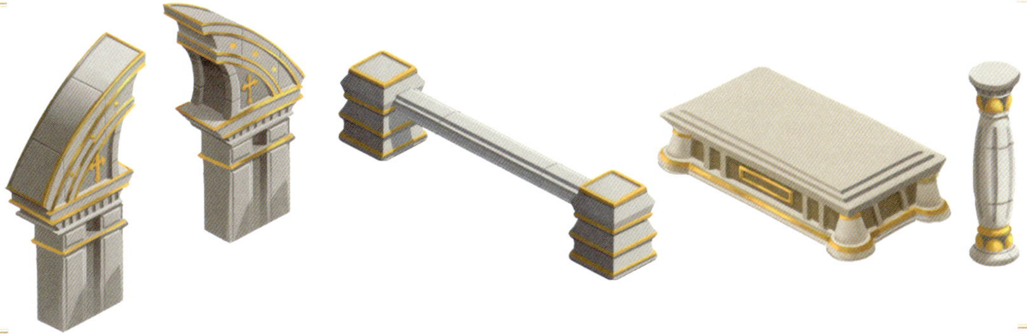

拉赫主城｜空中花园

拉赫主城 | 钟楼

拉赫主城 | 圣域神殿

拉赫主城 | 圣域神殿内部

圣域神殿地下｜圣域牢笼

圣域神殿｜暗室设定一

圣域神殿｜暗室设定二

圣域神殿｜暗室设定三

拉赫丨圣域冰洞局部

拉赫 | 圣域冰洞局部

圣域冰洞 | 冰花、冰柱、冰晶

圣域冰洞 | 祈祷之泉

拉赫 | 圣域冰洞

伊达平原 | 风车

伊达平原 | 旅人帐篷

伊达平原 | 风沙小屋

伊达平原 | 巨兽骸骨

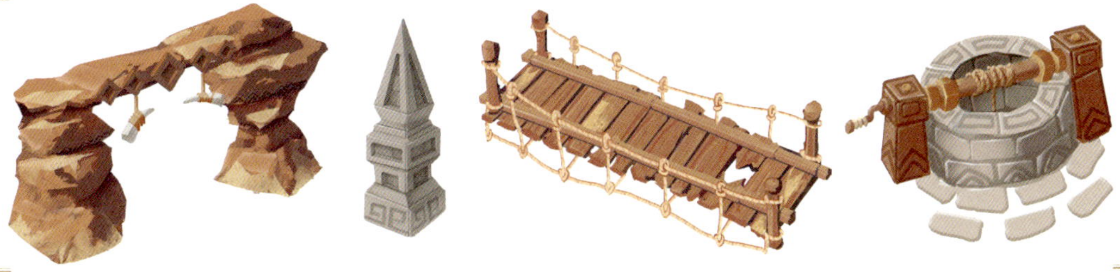

伊达平原局部

LUOYANG

洛阳

——龙之城

枫叶弥漫的古老城市，恢弘大气，充满神秘色彩。洛阳地处神域的一隅，四周被巨大的结界所保护，与世隔绝。在这里生活着法纳族与毒牙族，他们共筑了洛阳辉煌灿烂的文明。而飘零的红枫、遥远的传说以及动人的爱情故事，都为这片土地增添了不少浪漫气息。

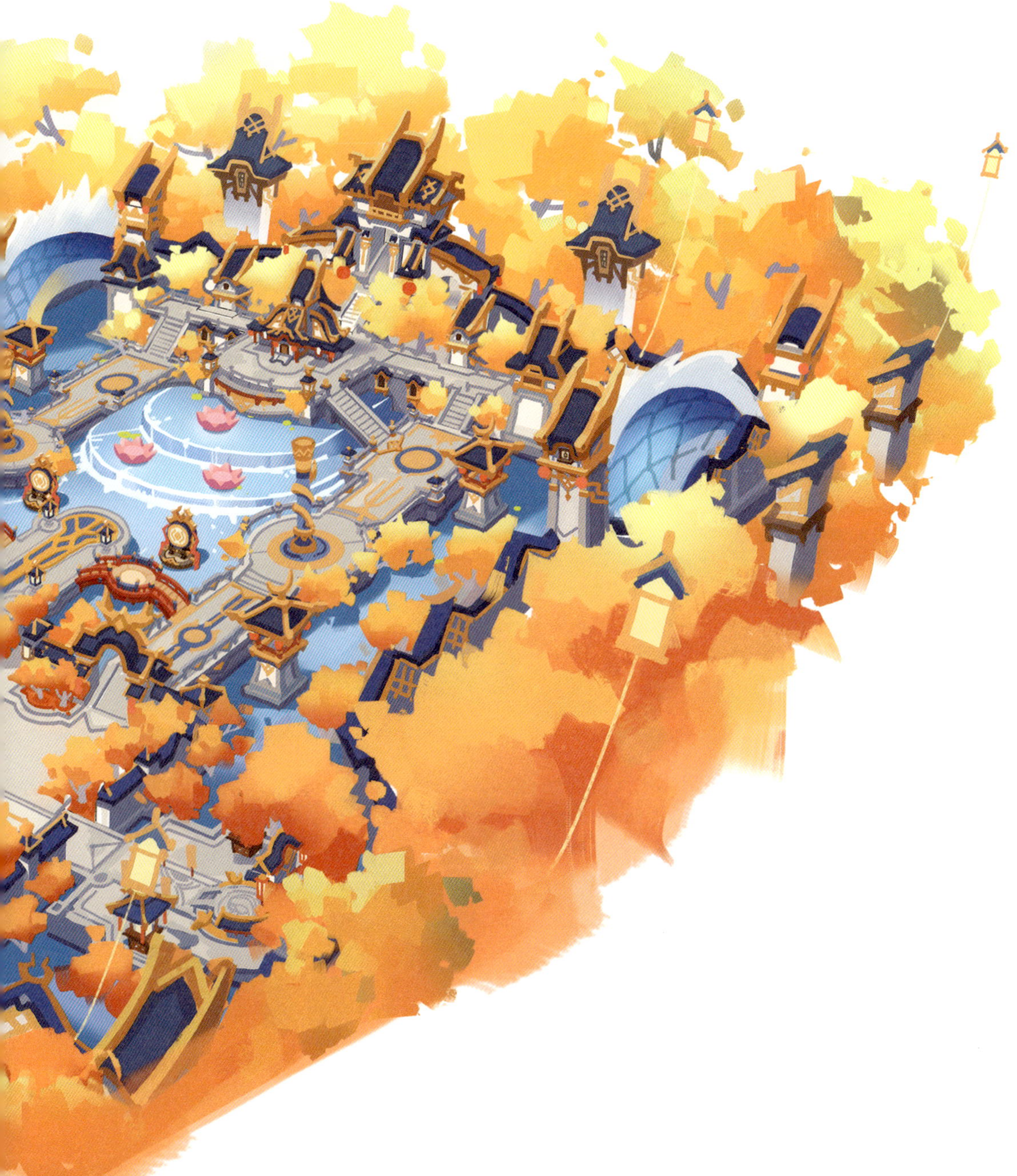

洛阳 | 平房

洛阳 | 花街

洛阳 | 桥

洛阳 | 大门

洛阳｜通用室内

洛阳｜摊位

洛阳 | 祈愿树

洛阳 | 树木

洛阳 | 花楼

洛阳 | 花楼内部

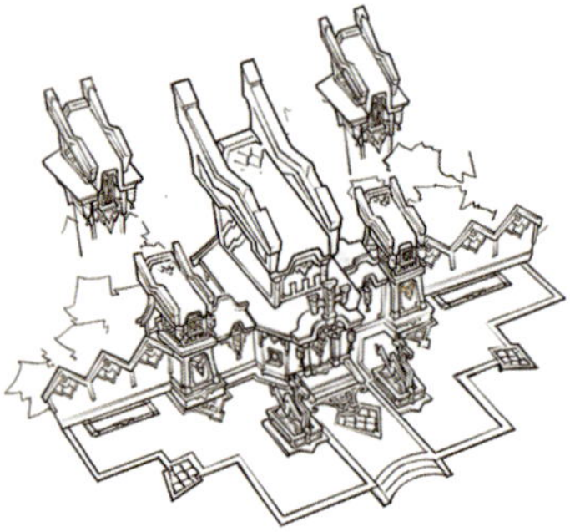

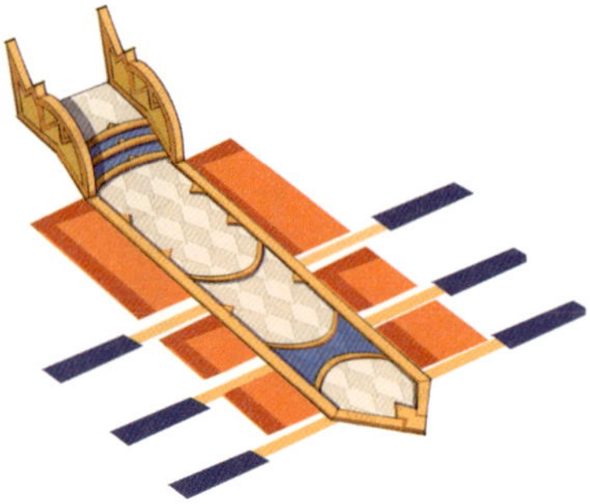

洛阳 | 影枫司

洛阳 | 流之云边大门

洛阳 | 皇城

洛阳 | 皇城内部

洛阳 | 公用塔楼

洛阳 | 观望楼

洛阳 | 路灯

洛阳 | 高台

洛阳 | 皇城小门

洛阳 | 围墙

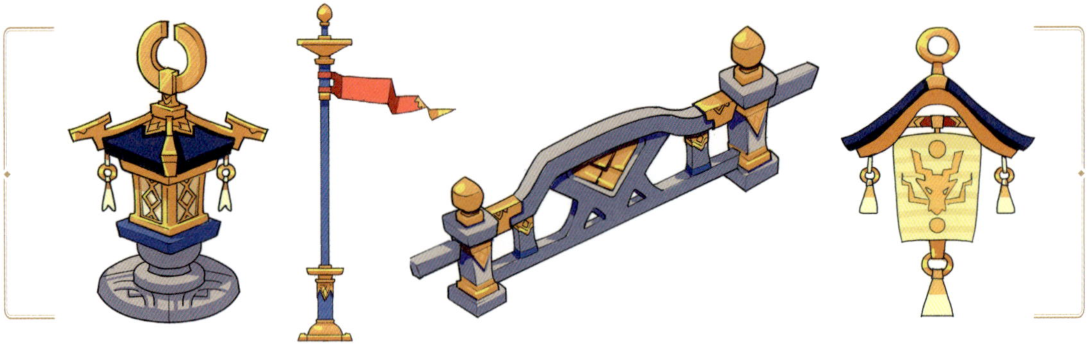

洛阳 | 龙神祭坛部件

洛阳 | 龙神祭坛

洛阳｜鼓

洛阳｜城内桥

洛阳 | 广场路面

洛阳 | 莲花灯

洛阳 | 莲花平台

洛阳 | 流之云边

落日浅滩 | 中心集市

落日浅滩 | 木桥、船只

落日浅滩 | 摊位

落日浅滩 | 摊位

洛阳 | 银鱼湖底

银鱼湖底 | 长桥

银鱼湖底 | 莲池

银鱼湖底 | 龙魂之门

洛阳 | 荒境

荒境｜幻域之门

神树沉光｜祭台

荒境 | 幻宝秘筑

荒境丨异境魔扉

荒境丨魔法石

荒境丨灵龙御守

荒境丨冰龙神柱

荒境 | 荒灵魔坛

荒境 | 神树沉光

枫叶彼岸｜时间回溯仪

枫叶彼岸｜奇异植物

枫叶彼岸｜神树沉光

洛阳｜枫叶彼岸

枫叶彼岸 | 龙灵祭祀塔

枫叶彼岸 | 净化石台

枫叶彼岸 | 堕落魔柱

公会领地 GUILD

诸神黄昏后的神的遗迹，是由冒险者自发形成的组织。由于英灵殿的空缺，女武神们来到公会，选拔能够继承英灵之力的勇者。于是，在公会领地，冒险者可以通过特殊的途径前往瓦尔哈拉遗迹，在那里寻得神的秘藏，获取更强的力量。

公会中心

公会中心 | 祈福壁炉

公会中心 | 黑猫咖啡厅

公会中心｜大厅

公会中心｜猫爬架

公会中心｜不思议贩卖机

公会中心｜波利沙发

公会系统 | 道场概念图

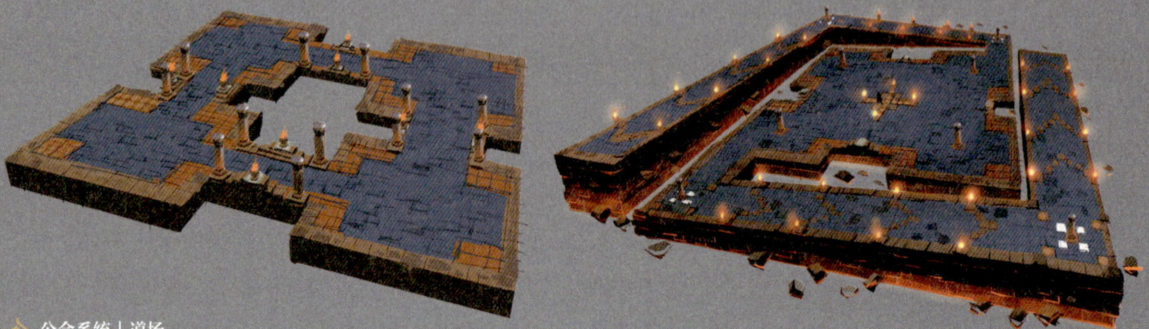

公会系统 | 道场

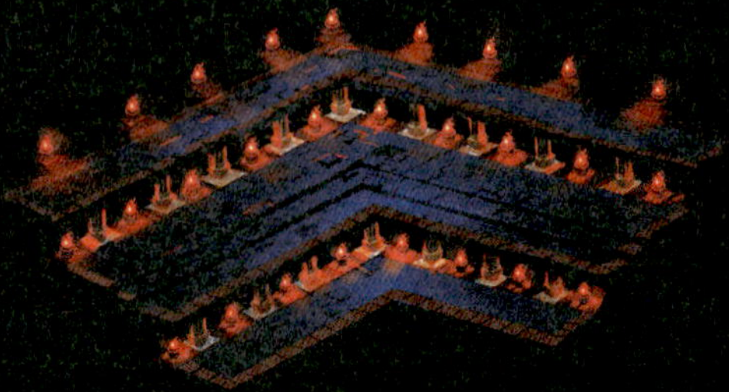

公会系统 | 道场

✧ 公会系统 | 道场

公会系统 | 大门

公会系统 | 瓦尔哈拉遗迹

公会系统｜瓦尔哈拉遗迹局部

公会系统 | 公会战

公会系统｜公会战据点

公会系统 | 公会战入口

公会系统 | 魔力地牢

约会圣地 | 猫猫之家

DATE 约会圣地

幻想马戏团在米德加尔特大陆开放了许多游乐场所，吸引了大批情侣到来。若是期待一个浪漫的约会，可以选择前往摩天轮或花海；而如果决定立下一生的誓约，那么将会体验到幻想马戏团特地准备的巡游之车，将幸福的瞬间永远铭刻。

约会圣地｜情人节小森林

约会圣地｜巡游之车

约会圣地｜水族馆

约会圣地｜花海

HOME
家园场景

坐落在米德加尔特各地，专属于冒险者的温馨之家。由希望与收获女神希芙亲手建造，为游历世界的冒险者提供一个随时入住的温暖归宿。除此之外，管家黛莉拉小姐承包了家园日常生活中的琐事。每当冒险者疲惫倦怠地回到家园时，总会有一盏明亮的灯火在迎接他们。

家园场景 | 大型房室外

家园场景 | 小型房室外

家园场景 | 中型房室外

家园场景 | 小型房室内

家园场景 | 中型房室内

家园场景 | 大型房室内

ICE & STARS
冰凌星梦

SACRED COLLECTIONS
圣域典藏

SUMMER IN COMODO

克魔岛的夏天

WAFU

白浪浮川

GOLDEN HOLIDAY

金色假日

THE STAR OF THE MEL

梅尔号之星

SWEET WORDS
糖果蜜语

CHRISTMAS

礼物梦工厂

COMBAT SCHOOL
战斗校园

Chapter

3

MONSTERS

魔物篇

从踏上旅程的第一天起，各式各样的魔物便始终伴随在你的身边。它们有不同的种族与属性，共同构成了这个丰富有趣的世界。随着冒险历程的推进，遇见的魔物也会愈发强大。从南门的波利、疯兔，一直到神秘的 mini 与 MVP，每一次与魔物的交锋，都是对成长的历练。

波利 Poring
种族 植物
体型 中

蛋黄波利 Yolk Poring
种族 植物
体型 中

冰波利 Marin
种族 植物
体型 中

天使波利 Angeling
种族 天使
体型 中

金属波利 Metaling
种族 无形
体型 小

石头波利 Stapo
种族 无形
体型 小

恶魔波利 Deviling
种族 恶魔
体型 中

疯兔 Lunatic 种族 动物 体型 小

群叶疯兔 Leafy Lunatic 种族 动物 体型 小

群叶猫 Leafy Cat 种族 动物 体型 小

鼬 Roween 种族 动物 体型 中

机械猎犬 Mechanical Hound 种族 动物 体型 大

黑狐 Matyr 种族 动物 体型 中

海獭
SEA OTTER
种族 动物
体型 中

甜心罗达蛙
DR RODA FROG
种族 鱼贝
体型 中

虎蜥人
ANOLIAN
种族 鱼贝
体型 中

沙滩海螺
BEACH CONCH
种族 鱼贝
体型 小

椰树龟
COCONUT TREE TURTLE
种族 动物
体型 中

人鱼
OBEAUNE
种族 鱼贝
体型 中

稻草人 SCARECROW 种族 植物 体型 中

魔菇 SPORE 种族 植物 体型 中

毒魔菇 POISON SPORE 种族 植物 体型 中

噬人花 FLORA 种族 植物 体型 大

吃人草 MAN-EATING GRASS 种族 植物 体型 中

摩卡 MUKA 种族 植物 体型 大

转转蛋 EGGYRA 种族 无形 体型 中

飞行魔书 RIDEWORD 种族 无形 体型 小

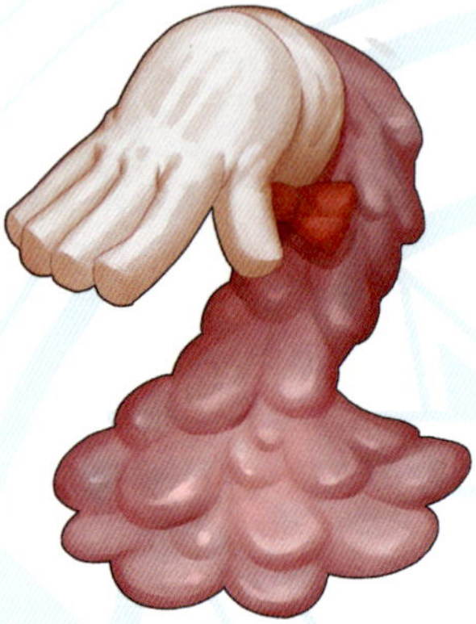

史汀 STING 种族 无形 体型 中

雪兽 SIROMA 种族 无形 体型 大

小雪兽 SMALL SIROMA 种族 无形 体型 小

飓风魔 TYPHOON 种族 无形 体型 中

毕帝特飞龙 种族 龙
SKY PETITE 体型 中

毕帝特地龙 种族 龙
GREEN PETITE 体型 中

绿贝勒斯 种族 龙
FERUS 体型 大

七彩龙蛋 种族 龙
RAINBOW DRAGON EGG 体型 中

七彩地龙 种族 龙
RAINBOW GREEN PETITE 体型 中

七彩飞龙 种族 龙
RAINBOW DRACO 体型 中

恶魔侍者 Incubus 种族 恶魔 体型 中

恶魔女仆 Succubus 种族 恶魔 体型 中

土人 Dokebi 种族 恶魔 体型 小

傀儡娃娃 Marionette 种族 恶魔 体型 小

鬼女 Sohee 种族 恶魔 体型 中

蛇女伊丝 Isis 种族 恶魔 体型 大

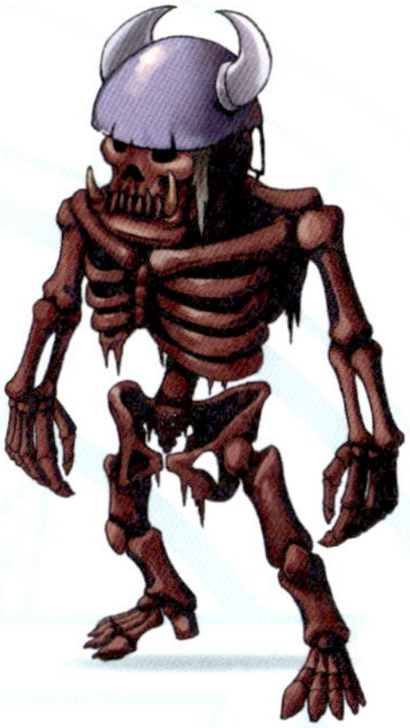

邪骸兽人
ORC SKELETON
种族 不死
体型 中

邪骸浪人
WANDERER
种族 恶魔
体型 中

邪骸战士
SKELETON
种族 不死
体型 中

墓碑怪人
TOMB ZOMBIE
种族 人形
体型 中

幽灵弓箭手
RAYDRIC ARCHER
种族 恶魔
体型 中

卡利斯格
KHALITZBURG
种族 不死
体型 大

小恶魔 种族 恶魔
DEVIRUCHI 体型 小

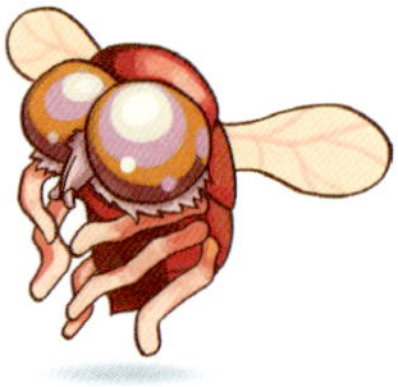

赤苍蝇 种族 昆虫
HUNTER FLY 体型 小

基尔瑟 种族 恶魔
GIEARTH 体型 小

小巴风特 种族 恶魔
BAPHOMET JR. 体型 小

梦魇 种族 恶魔
NIGHTMARE 体型 大

马尔杜克 种族 人形
MARDUK 体型 大

大斧犬妖 种族 人形
KOBOLD (AXE) 体型 中

榔头犬妖 种族 人形
KOBOLD (BUCKLER) 体型 中

刺锤犬妖 种族 人形
KOBOLD (HAMMER) 体型 中

犬妖弓箭手 种族 人形
KOBOLD ARCHER 体型 小

犬妖首领 种族 人形
KOBOLD LEADER 体型 中

刺锤哥布灵 GOBLIN (HAMMER)
种族 人形
体型 中

大斧哥布灵 GOBLIN (AXE)
种族 人形
体型 中

刺刀哥布灵 GOBLIN (KNIFE)
种族 人形
体型 中

榔头哥布灵 GOBLIN (BUCKLER)
种族 人形
体型 中

长矛哥布灵 GOBLIN (SPEAR)
种族 人形
体型 中

弓箭哥布灵 GOBLIN ARCHER
种族 人形
体型 小

喷射哥布灵 STEAM GOBLIN

种族 人形
体型 中

直升机哥布灵 ROTAR ZAIRO

种族 无形
体型 大

哥布灵首领 GOBLIN LEADER

种族 人形
体型 中

兽人战士 ORC WARRIOR

种族 人形

体型 中

兽人弓箭手 ORC ARCHER

种族 人形

体型 中

兽人腐尸 ORC ZOMBIE

种族 不死

体型 中

兽人战士长 HIGH ORC

种族 人形

体型 大

兽人婴儿 种族 人形
ORC BABY 体型 小

兽人酋长 种族 人形
ORC LORD 体型 大

兽人英雄 种族 人形
ORC HERO 体型 大

消防魔 REMOVAL
种族 不死
体型 中

土拨鼠拾荒者 MARTIN SCAVENGER
种族 动物
体型 小

白幽灵 WHISPER
种族 恶魔
体型 小

狂野蜂兵 WILD HORNET
种族 昆虫
体型 小

深渊骑士 ABYSMAL KNIGHT
种族 人形
体型 大

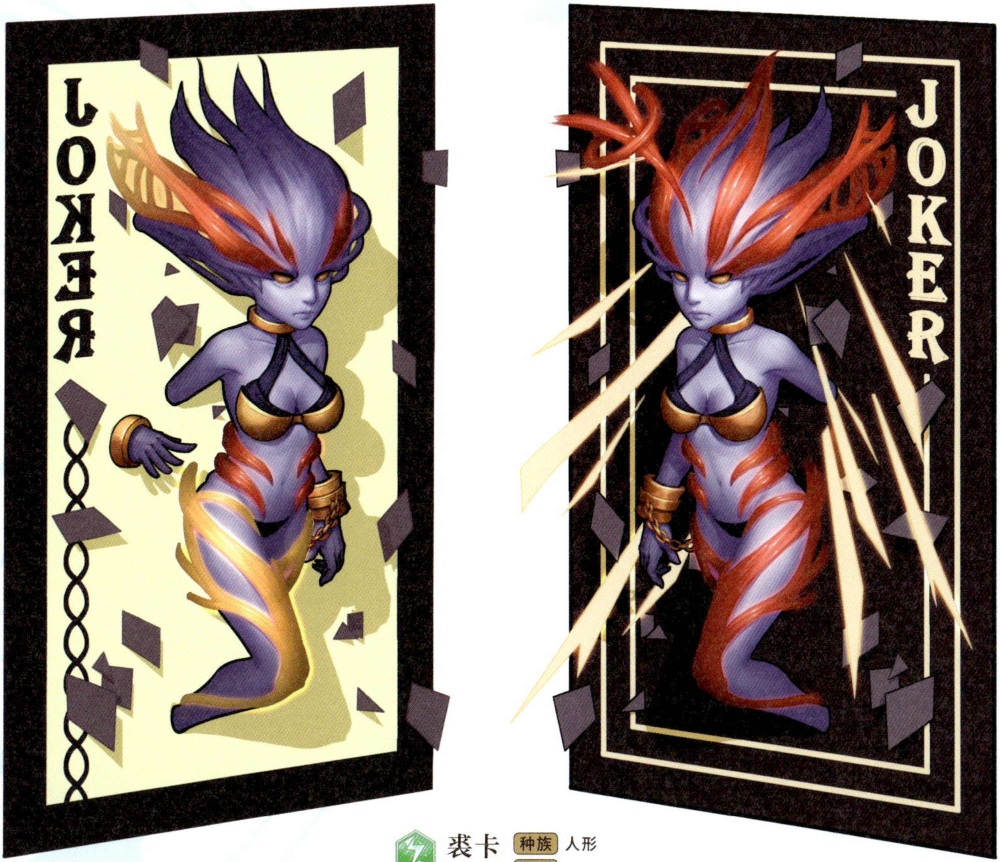

裘卡 种族 人形
JOKER 体型 大

蓝疯兔 ECLIPSE
种族 动物
体型 中

狸猫 SMOKIE
种族 动物
体型 小

蛙王 TOAD
种族 鱼贝
体型 中

巴西里斯克 BASILISK
种族 动物
体型 中

疯狂鬣狗 GALION
种族 动物
体型 中

黄金虫 GOLDEN THIEF BUG
种族 昆虫
体型 大

爱丽丝女仆 ALICE
种族 人形
体型 中

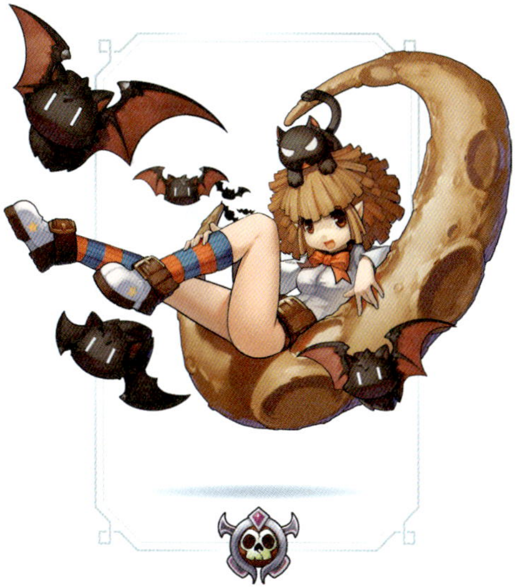

银月魔女 LOLI RURI
种族 恶魔
体型 大

艾斯恩魔女 ZHERLTHSH
种族 人形
体型 中

月夜猫 MOONLIGHT FLOWER
种族 恶魔
体型 中

塔妮小姐 MISS TAHNEE
种族 植物
体型 大

蚁后 MAYA
种族 昆虫
体型 大

寒冰雕像 GAZETI 种族 无形 体型 大

堕落神官希巴姆 FALLEN BISHOP 种族 恶魔 体型 中

寒冰龙 KTULLANUX 种族 动物 体型 大

海神 STROUF 种族 鱼贝 体型 大

幽暗梦魇 GLOOM UNDER NIGHT 种族 无形 体型 大

炎之领主卡浩
FIRELORD KAHO

种族 恶魔
体型 大

枯树精 WOOD GOBLIN 种族 植物 体型 中

半龙人 MUTANT DRAGON 种族 龙 体型 大

鹗枭首领 OWL DUKE 种族 恶魔 体型 大

吹笛人 FLUTE PLAYER 种族 人形 体型 中

嗜血怪人 BLOODY MURDERER 种族 人形 体型 大

鹗枭男爵 OWL BARON 种族 恶魔 体型 大

狮鹫兽 Gryphon

种族 动物
体型 大

希尔队长 Hill Wind

种族 动物
体型 大

虎王 Eddga

种族 动物
体型 大

皮里恩 Phreeoni

种族 动物
体型 大

蜂后 Mistress

种族 昆虫
体型 小

俄塞里斯 OSIRIS
种族 不死
体型 中

海盗之王 DRAKE
种族 不死
体型 中

狼外婆 WOLF GRANDMA
种族 动物
体型 大

迪塔勒泰晤勒斯 DETARDEROUS
种族 龙
体型 大

德古拉男爵 DRACULA 种族 恶魔 体型 大

巴风特 BAPHOMET 种族 恶魔 体型 大

凯美拉 CHIMERA 种族 动物 体型 大

死灵骑士 LORD OF DEATH 种族 恶魔 体型 大

血腥骑士 BLOODY KNIGHT 种族 无形 体型 大

活动限定

白犬·天照

吉米

迷你梦罗克

红鼻子鲁道夫

幸运嘟嘟

闪电绅士

活动限定

玛库朵松鼠

团子串串烧

春节限定

异兽·年

瑞兽·春兆

6V6赛季限定

反斗狸

巨耳芙兰朵

礼帽蛙

木偶骑兵

Chapter 4

STYLES

外观篇

随着冒险者人数的不断增长，人们对外在形象的需求也大幅度增加了。幻想马戏团便与卡普拉公司合作推出了幻想创造器，每个月都会提供崭新的饰品与衣装供冒险者选择。除此之外，神秘的占卜师阿斯特蕾亚也会定期来到普隆德拉。通过她的占卜，除了精致的衣装之外，还有机会获得特殊的坐骑。而占卜的过程中，总是充满了惊喜与意外……

SEPTEMBER.2017

魔法假面舞会

OCTOBER.2017

悠长假期·圆舞曲

NOVEMBER.2017

万圣节聚会

DECEMBER.2017

爱在 RO 雪季

JANUARY.2018

爱与勇气的冒险·新年篇

FEBRUARY.2018

幸福的圣瓦伦丁日

MARCH.2018

优雅绽放·樱之歌谣

APRIL.2018

魔法校园·春之诗

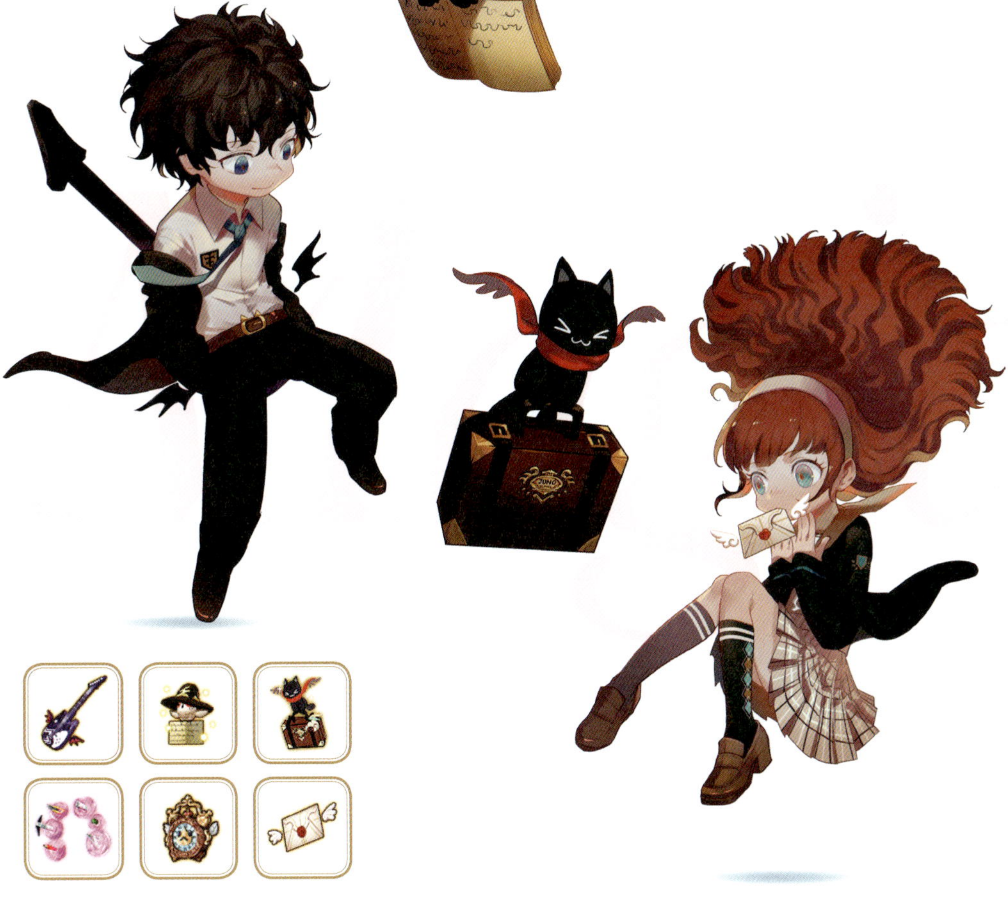

JULY.2018

克魔岛的夏天

AUGUST.2018

浮空精灵

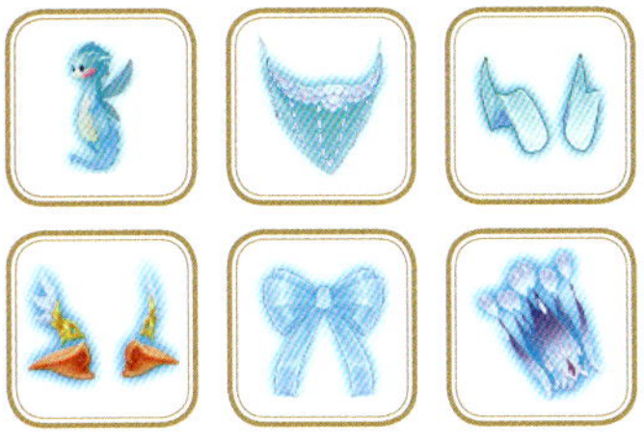

OCTOBER.2018

星尘遥望者

NOVEMBER.2018

尼夫海姆假面狂欢节

AUGUST.2018

姜饼城的雪

JANUARY.2019

雪国童话冰晶之花

FEBRUARY.2019

鲤伴四叶草

MARCH.2019

世界树之心

APRIL.2019
浮空精灵·幻梦篇

MAY.2019

月之海的回忆

JUNE.2019

诸神遗落之殿

AUGUST.2019

彩虹梦幻岛

SEPTEMBER.2019

梦与星的占卜

OCTOBER.2019

雷霆万钧

NOVEMBER.2019

银河摇篮曲

DECEMBER.2019

心跳魔法

WISHING WEAR

戌愿衣

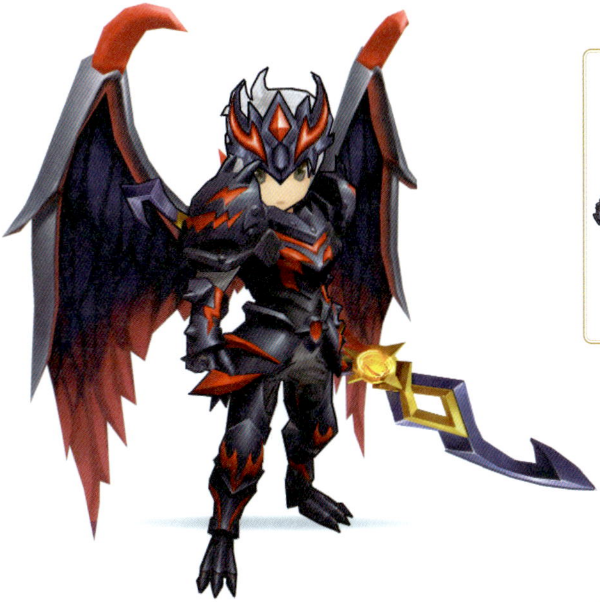

DARK KNIGHT

暗夜骑士

MOONLIGHT
月辉

Heart Stealing Succubus
✧ 偷心魅魔 ✧

HAN CHINESE
风林火山

School XD Club

学院心动社

FLOWER DEMON NIGHT
散华妖夜行

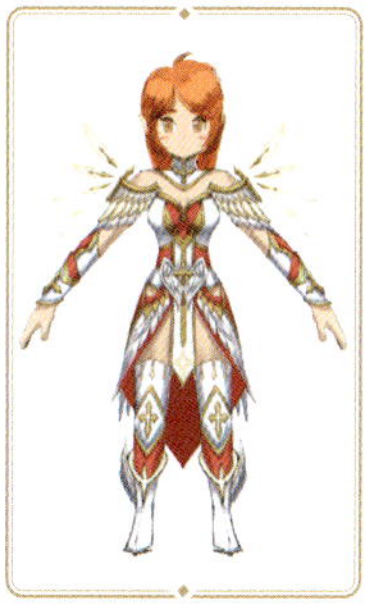

BLESSING POET

光辉赞美诗

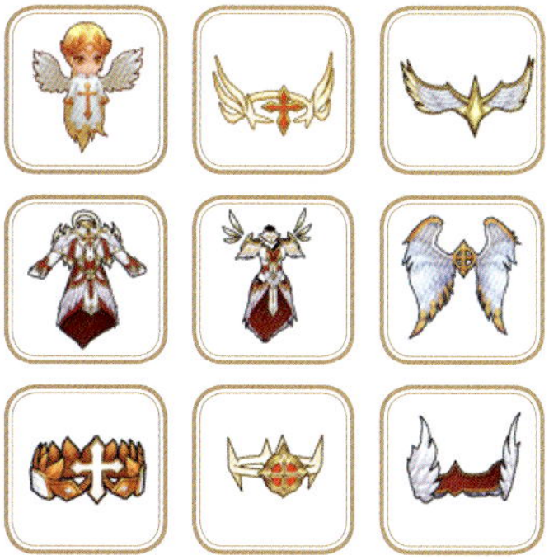

SPRING FESTIVAL
锦时春岁

STAR ORCHESTRA

星梦偶像季

COCO BRAY CAT
可可布蕾猫

MONSTER SLEEPER
嗷呜小怪兽

PRINCESS AND DRAGON
公主斗恶龙

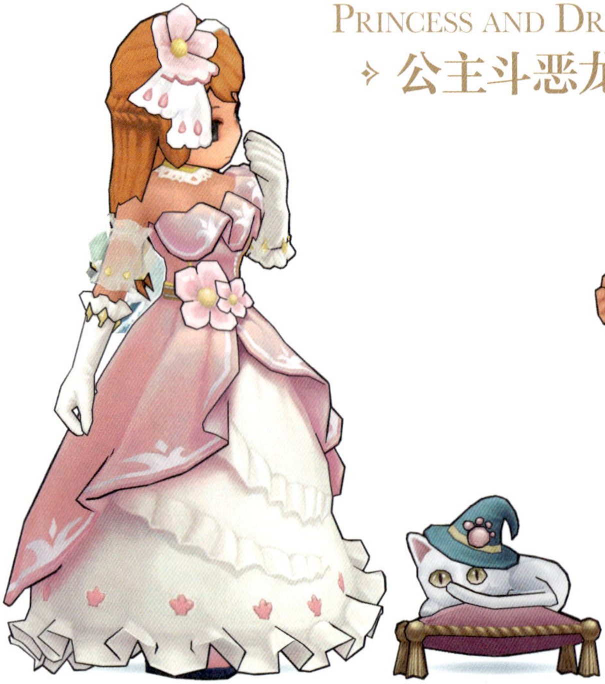

STAR NIGHT ROSA

星夜蔷薇

FOREST DEER

森空鹿谣

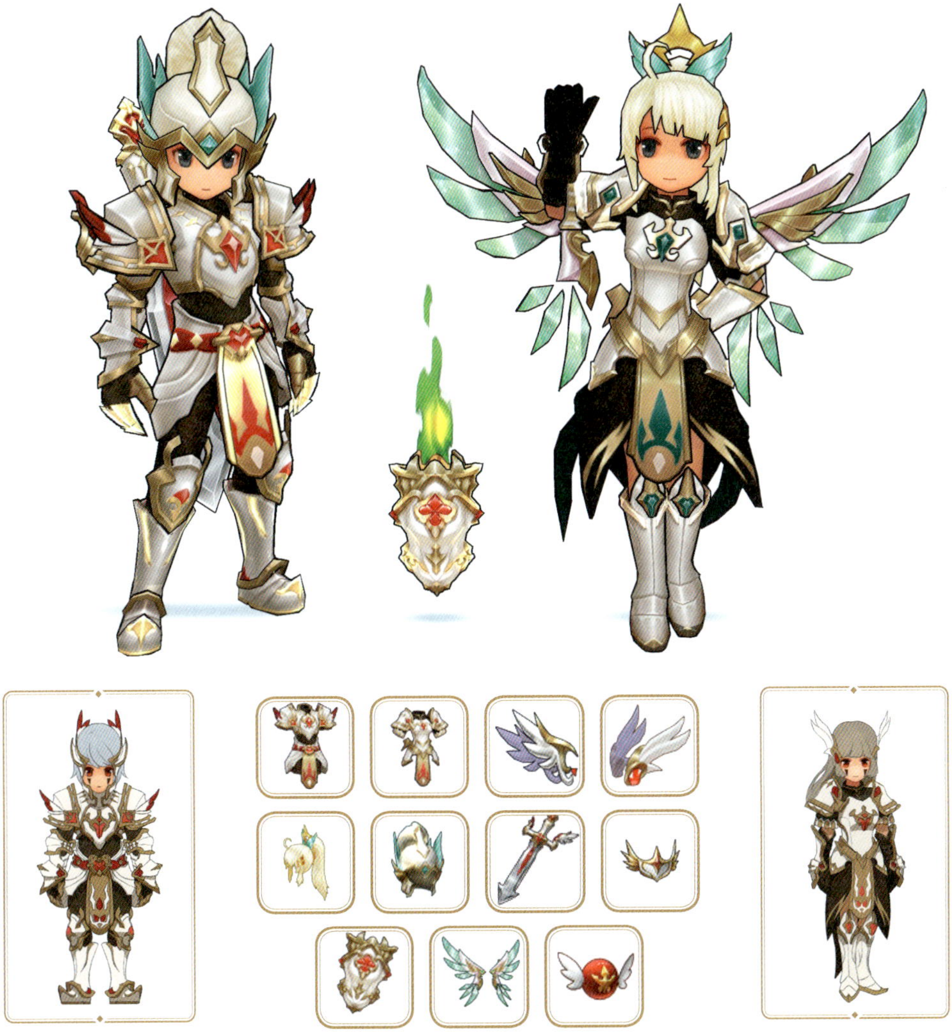

ROSA KNIGHT

蔷薇骑士团

DEEP SEA LOVER
深海恋歌

IMMORTAL SOULS
英灵不朽

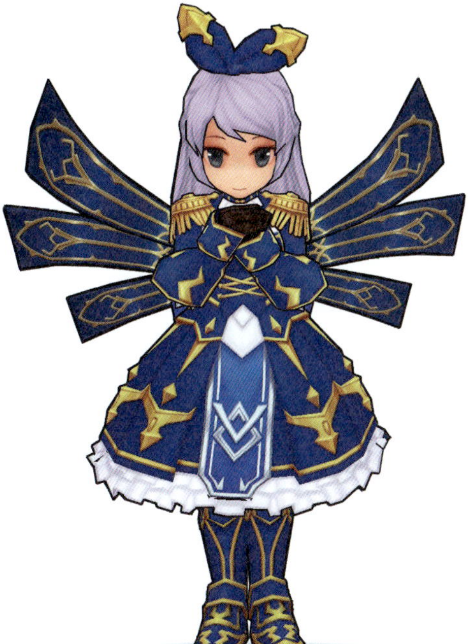

SNOWY WONDERLAND
冬灵幻境

GOLDEN AGE
黄金纪元

CHRISTMAS CAROL
绒雪颂歌

SUNSHINE CHORALE
晴空唱诗班

MAPLE MEMORY
枫之忆

MOON SAKURA
月樱

HELLA'S HERALD

海拉使者

REKENBER PROTECTIVE SUIT

雷根贝勒防护服

Morroc's Heart

梦罗克之心

Morroc's Soul

梦罗克之灵

HOLY SPIRIT
圣灵教歌

ROYAL CEREMONY
皇家庆典

职业坐骑

初心者·初心波利

职业坐骑

服事系·宝藏羊驼

服事系·铃铛羊驼

职业坐骑

弓箭手·彩羽鸵鸟

职业坐骑

弓箭手·暗夜鸵鸟

职业坐骑

魔法师·疾风九尾

职业坐骑

魔法师·流星九尾

职业坐骑

商人系·泰坦豪猪

职业坐骑

商人系·手推车

职业坐骑

机匠·机甲

职业坐骑

盗贼系·斑鬣

符文骑士·地龙

皇家卫士·狮鹫

职业坐骑

剑士系·疾星剑狮

职业坐骑

剑士系·琰翎剑狮

职业坐骑

多兰族·豚鼠先生

职业坐骑

多兰族·豚鼠绅士

热血战熊
HOT-BLOOD BEAR

骑士战熊
KNIGHT BEAR

皇家战熊
ROYAL BEAR

6V6赛季限定

卢恩战熊

苍月战虎

Moon Tiger

赭星战虎

Ochre Tiger

斗骑战虎

Fight Tiger

6V6 赛季限定

斗骑战虎

绒耳兔
VELVET RABBIT

布蕾兔
BRAY RABBIT

朵拉兔
DORA RABBIT

6V6赛季限定

绒绒垂耳兔

叮铃咩咩
BELL SHEEP

旋风咩咩
WHIRLWIND SHEEP

霹雳咩咩
THUNDERBOLT SHEEP

6V6赛季限定

咩咩家族

顽皮小豆柴 NAUGHTY DOG　　威风小豆柴 PRESTIGE DOG　　神勇小豆柴 BRAVE DOG

6V6赛季限定

豆柴小分队

祥瑞追风者

FOLLOW WIND

祥瑞踏风者

TREAD WIND

祥瑞驭风者

CONTROL WIND

6V6赛季限定

逐风银狼

特殊坐骑

极速小旋风

霸王龙卷风

赞咏之灵

叹息之灵

特殊坐骑

银翼雪鹿

星途雪橇

特殊坐骑

仲夏星之梦

仲夏月之光

星月童话

特殊坐骑

芬里尔脉冲型
VI号

天国之匙

特殊坐骑

流 光

辉 夜

风栖灵龙

特殊坐骑

聆音岚星

听风皎月

深海恋歌

特殊坐骑

森空光影

特殊坐骑

蜗牛坐骑

特殊坐骑

宝石公爵

任务赠送

大嘴鸟利力

星界系列 ASTRAL SERIES

① 流光裁决 ② 星辰暴怒 ③ 破击印 ④ 天命者 ⑤ 宇宙歌者

⑥ 黯月之眼

⑦ 束星锁链　⑧ 幻魔者　⑨ 恒星光壁　⑩ 星辰挽歌　⑪ 无限法则

⑫ 雷鸣之殇　⑬ 夺魂者

永夜系列 STARS SERIES

1 辉月咏叹　2 月光黯影　3 缄默彗星　4 破碎星陨　5 星之光棱

6 繁星颂歌　7 逐月之牙

8 沉寂月光　9 流光祈祷　10 璀璨银河　11 失落星轨　12 放逐星辰

13 幻影制裁

英灵系列 EPIC SERIES

1 洁萝之荣光
2 赫萝克之剑
3 古丝之战拳
4 亚尔薇特之预言书
5 古尔之狂怒
6 密丝特之隐秘
7 斯克之意志
8 荷瑞丝特之风灵鞭

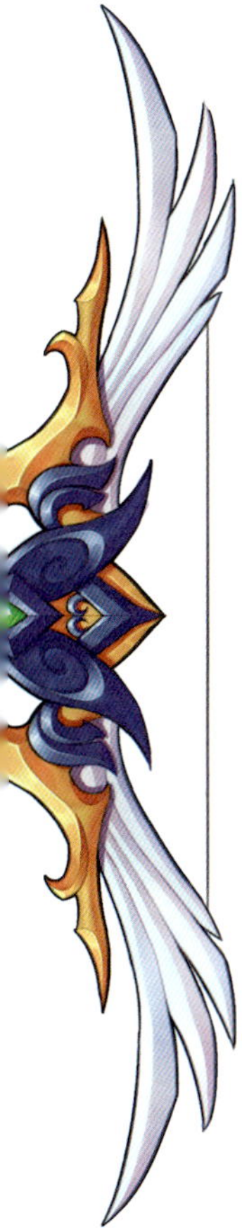

9

10

11

12

13

9 海芙约特之弓　10 兰蒂之坚壁　11 格恩之咏唱　12 瑞吉之愤怒　13 格蕾之颂歌

日耀系列 SUNLIGHT SERIES

1 日冕光鞭　2 金翼之锤　3 霓光之斧　4 金乌之弓　5 破晓之盾　6 恒星短刀　7 沐光圣典

8 金虹法杖　9 赤羽拳套　10 苍炎拳刃　11 圣耀之琴　12 天武之剑　13 明心之矛

月辉系列 Moonlight Series

1 星陨拳刃 2 星罗之盾 3 瞳影之锤 4 月华之触 5 封魔法杖 6 银光之剑 7 星光短刀

8 破风之斧 9 极星拳套 10 幻空之弓 11 月光低语 12 月下奏者 13 奇星之矛

信仰系列 BELIEF SERIES

1 信仰之锤　2 信仰之盾　3 信仰之弓　4 信仰长剑　5 信仰之矛
6 信仰之鞭

⑦ 信仰之琴　⑧ 信仰拳刃　⑨ 信仰拳套　⑩ 信仰法杖　⑪ 信仰短剑
⑫ 信仰之书　⑬ 信仰之斧

碎雪系列 SHATTERING SNOW SERIES

1 晶棱锁链　2 冰封魔典　3 白王冰刃　4 狮王之怒　5 流霜镇狱　6 赤练寒华　7 冰龙霜焰

8 冰蓝守卫　9 凛冬霸王　10 断雪燃魂　11 霜寒封影　12 凛冬颂歌　13 十方冰裂

炎魂系列 Blazing Soul Series

1 音魂狂热　2 淬火之吻　3 残焰惊天　4 灰烬魔典　5 恶犬修罗　6 怒火战神　7 红王炙刃

8 异火焚影　9 赤炎守卫　10 曜火碎尘　11 修罗炼狱　12 赤霄红莲　13 红龙炽焰

衔尾者系列 OUROBOROS SERIES

1 衔尾者之鞭　2 衔尾者蛇之锤　3 衔尾者鳞盾　4 衔尾者长剑　5 衔尾者弯刃　6 衔尾者拳刃　7 衔尾者拳套

8 衔尾者蛇矛　9 衔尾者之琴　10 衔尾者鳞弓　11 衔尾者战斧　12 衔尾者法典　13 衔尾者轮回杖

古城系列 ANCIENT CITY SERIES

1 阿斯加德之怒	2 和平使者	3 裂风者	4 梅林的赠礼	5 魔女之鞭	6 黑暗秘典	7 盟约之烈光
8 光辉晨星	9 赫克拉斯神弓	10 冰火之心	11 噩梦音符	12 龙之意志	13 暗影之殇	

埃琉德尼尔系列 ELJUDNIR SERIES

1 埃琉德尼尔备忘录　2 埃琉德尼尔汲魂刺　3 埃琉德尼尔悔罪鞭　4 埃琉德尼尔暴怒斧　5 埃琉德尼尔壁垒
6 埃琉德尼尔椰锤　7 埃琉德尼尔缚魂杖

⑧ 埃琉德尼尔指虎　⑨ 埃琉德尼尔之握　⑩ 埃琉德尼尔蛇弓　⑪ 埃琉德尼尔欢愉琴　⑫ 埃琉德尼尔冥魂枪

⑬ 埃琉德尼尔鬼灵剑

亡灵系列 UNDEAD SERIES

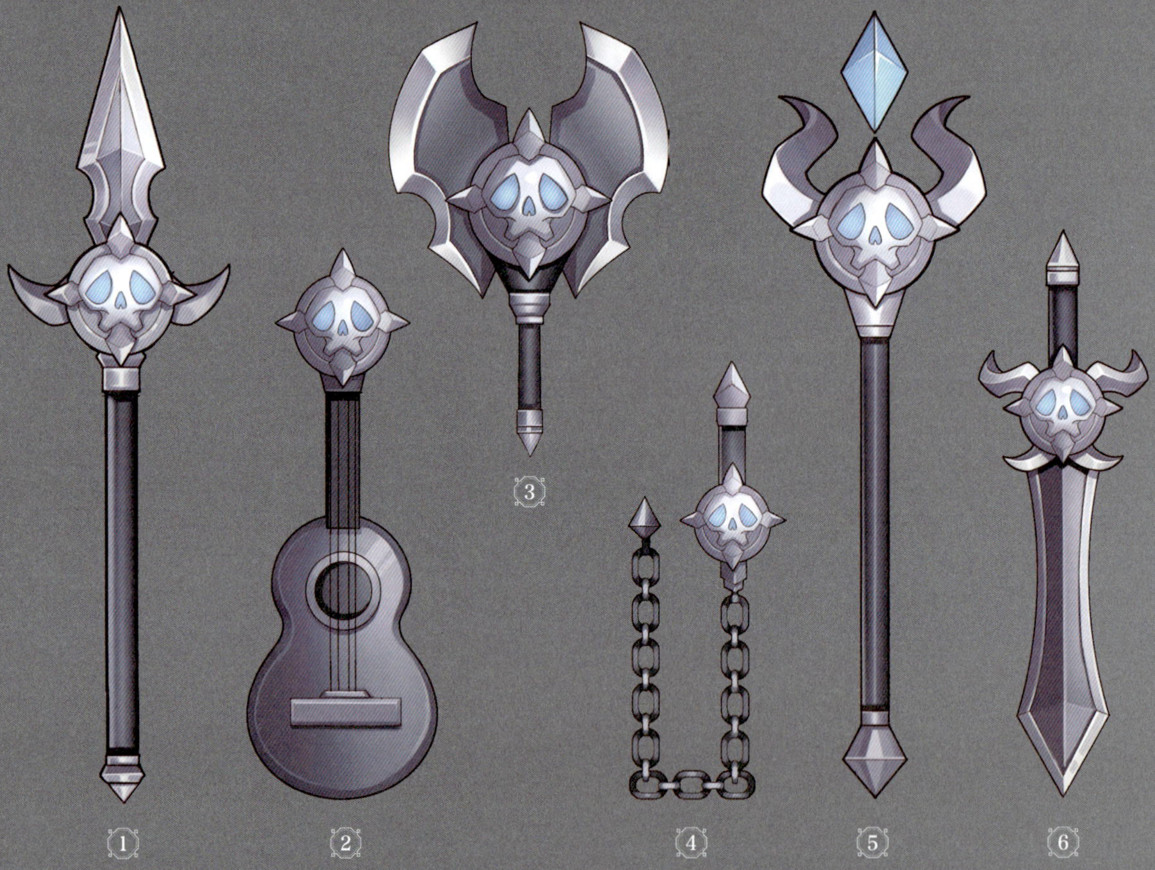

① 亡灵长矛　② 亡灵琴　③ 亡灵之斧　④ 亡灵鞭子　⑤ 亡灵法杖

⑥ 亡灵长剑

7

8

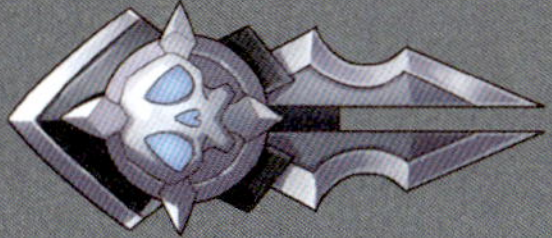

10

12

9

11

13

7 亡灵之弓　8 亡灵魔法书　9 亡灵盾　10 亡灵拳刃　11 亡灵之锤

12 亡灵拳套　13 亡灵短剑

圣息崇聆系列 KETER CROSS SERIES

①

②

③

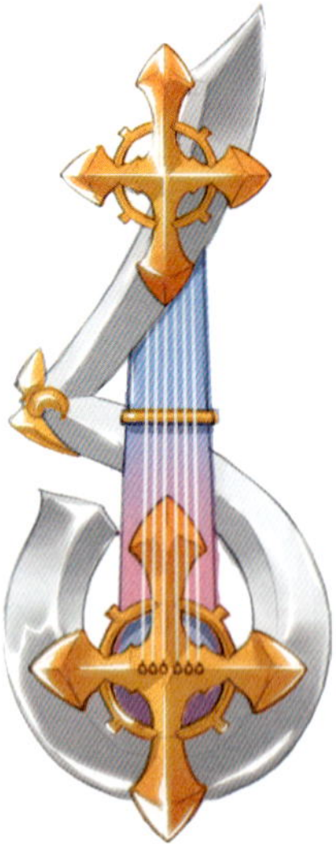

④

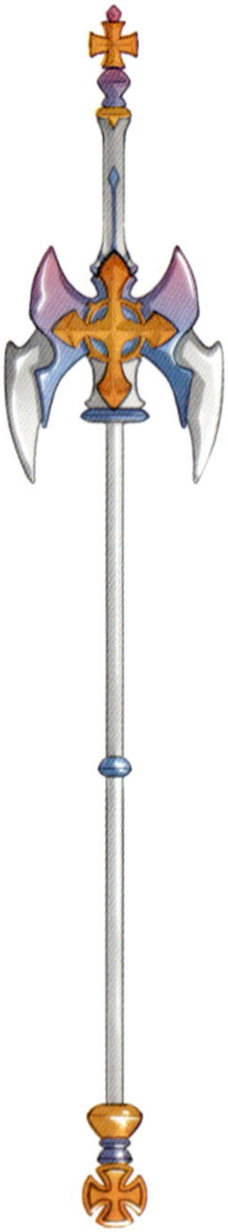

⑤

⑥

① 圣息崇聆之锤　② 圣息崇聆之拳刃　③ 圣息崇聆之书　④ 圣息崇聆之琴　⑤ 圣息崇聆之鞭

⑥ 圣息崇聆之长剑

7 圣息崇聆之杖　8 圣息崇聆之拳套　9 圣息崇聆之长矛　10 圣息崇聆之短剑　11 圣息崇聆之斧

12 圣息崇聆之盾　13 圣息崇聆之弓

神器系列 ARTIFAC SERIES

1 银榭之剑　2 湮灭者　3 雷神之锤　4 永恒之枪　5 硝烟终结者　6 万神的注视
7 万物安息　8 提尔锋　9 凛冬结晶　10 金枝

⑪

⑫

⑬

⑪ 月神的呢喃　⑫ 拂晓之光　⑬ 全知魔神书

神器系列 ARTIFAC SERIES

①

②

③

④

① 光耀太阳神之头盔

② 光耀太阳神之背饰

③ 胧月神之头盔

④ 胧月神之背饰

5

6

5 璀璨星神之头盔

6 璀璨星神之背饰

科学救赎系列 SCIENCE SERIES

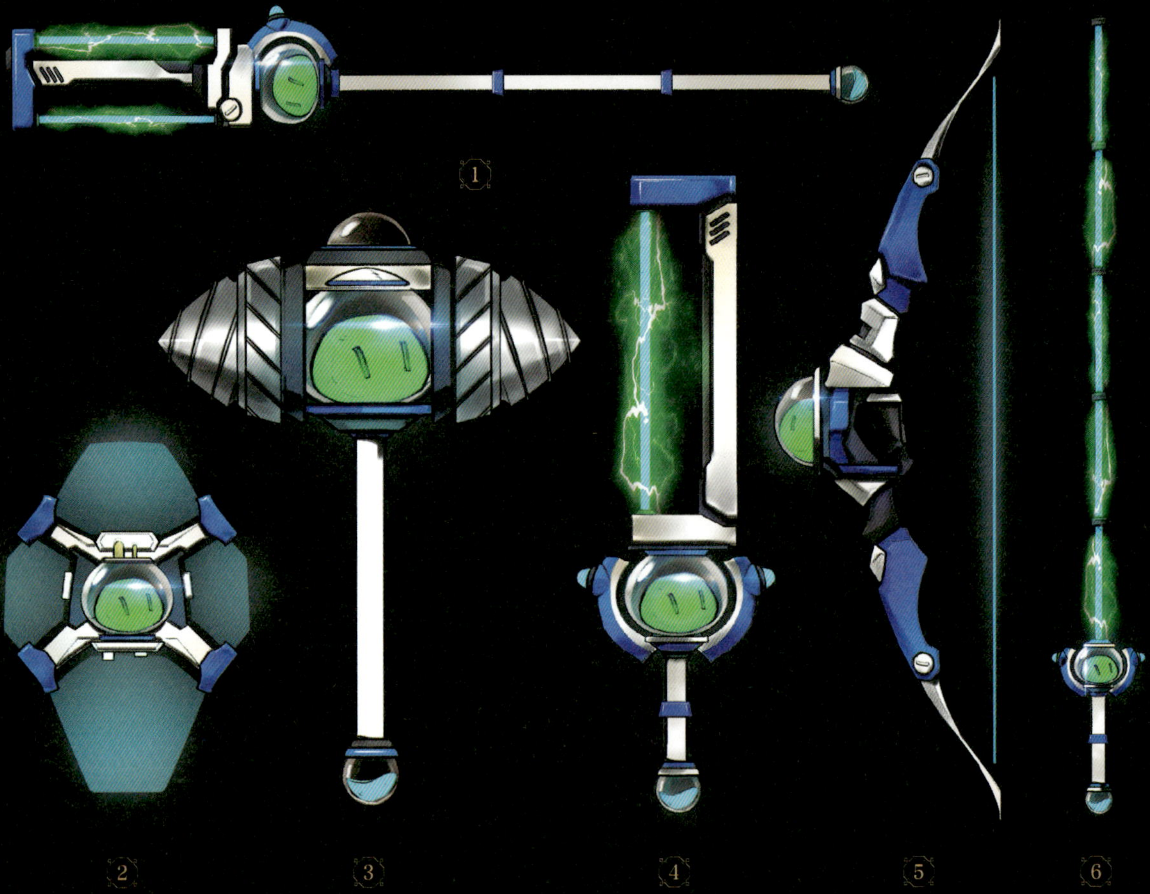

1 科学救赎长矛　2 科学救赎之盾　3 科学救赎之锤　4 科学救赎长剑　5 科学救赎之弓

6 科学救赎之鞭

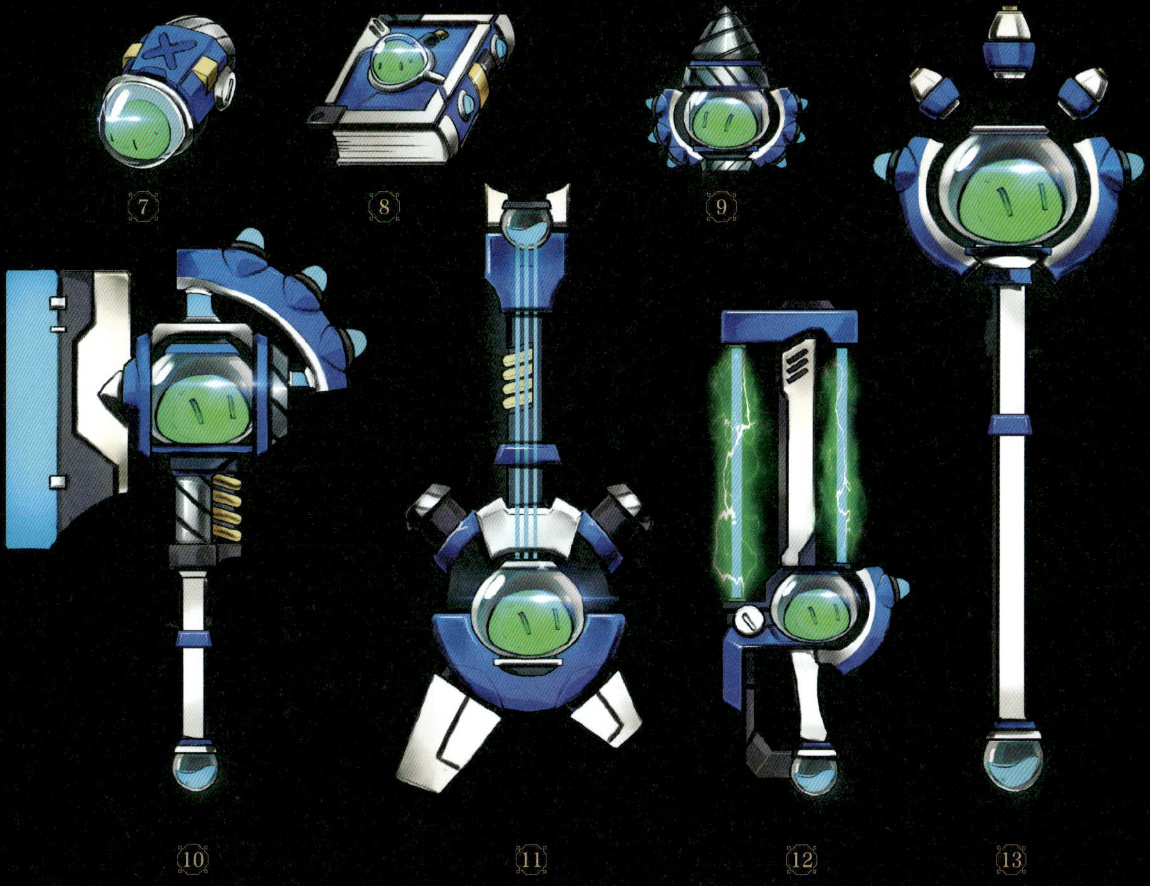

⑦ 科学救赎拳套　⑧ 科学救赎之书　⑨ 科学救赎拳刃　⑩ 科学救赎之斧　⑪ 科学救赎之琴
⑫ 科学救赎短剑　⑬ 科学救赎法杖

魔器系列 DEMON WEAPON SERIES

1 魔器之布松　2 魔器之毕弗隆斯　3 魔器之列拉金　4 魔器之阿斯莫德　5 魔器之安洛先
6 魔器之嘉波

7 魔器之艾利欧格　8 魔器之克罗塞尔　9 魔器之安朵斯　10 魔器之锡蒙利　11 魔器之菲尼克斯

12 魔器之弗加洛

枫忆系列 MAPLE SERIES

1 枫忆之书
2 枫忆短剑
3 枫忆拳刃
4 枫忆之锤
5 枫忆之盾
6 枫忆之斧
7 枫忆法杖
8 枫忆长剑

9

10

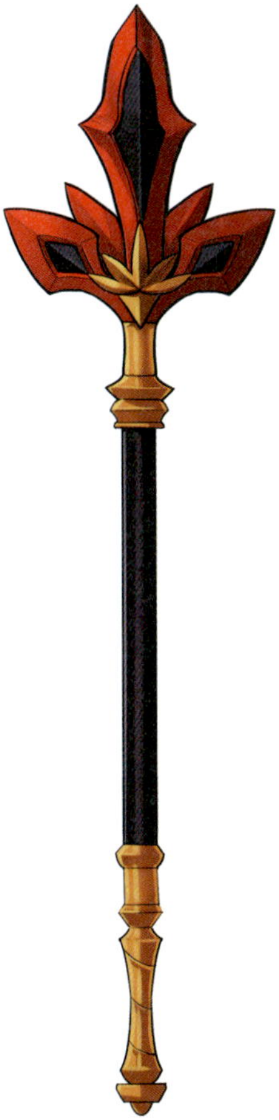

11

12

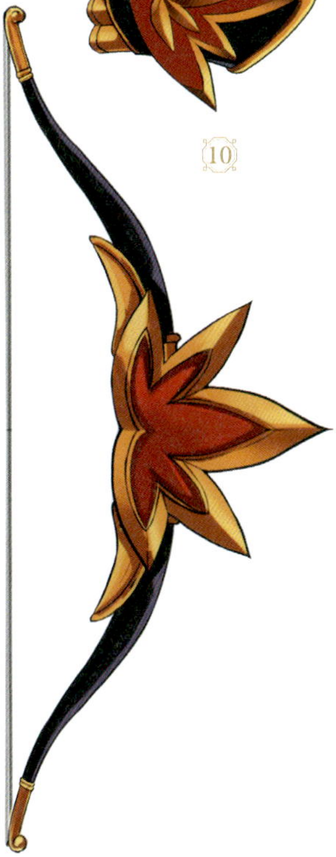

13

9 枫忆之鞭

10 枫忆拳套

11 枫忆之矛

12 枫忆之琴

13 枫忆之弓

COLLECTIBLES
典藏篇

为了答谢冒险者长期以来的支持，卡普拉公司每月都会发行一份蕴含魔力的特别小卡片。拥有它的冒险者，除了能获得特制的纪念品，在旅途中也会得到超乎想象的便利体验。每月发售的卡片与纪念品皆不相同，每一张小卡片都有独特的收藏价值。

众多画师云集

这些画师的画风迥异，每个人都有很强烈的个人风格，有自由艺术家泡面、暴雪御用画师郭建、原创漫画家许辰等。在这些画师的创作下，卡片上的插画又会有怎样的精彩纷呈呢？

ETERNAL LOVE
守护永恒的爱

MAP

Eternal Love

SHOP
SHOP
OPEN
SALE

RO
2nd
Anniversary

2nd

2017 / 03

女生节

· ETERNAL LOVE ·

2017 / 04

愚人节

· Eternal Love ·

2017 / 05
古城咏叹调
· Eternal Love ·

2017 / 06
儿童节
· Eternal Love ·

2017 / 07

决战巴风特

· ETERNAL LOVE ·

2017 / 09

宠物情人

· ETERNAL LOVE ·

2017 / 10
美食游园会
· ETERNAL LOVE ·

2017 / 11

万圣节

· Eternal Love ·

2018 / 01

B格猫皇家庆典

· ETERNAL LOVE ·

2018 / 02

情人节

· Eternal Love ·

2018 / 03

櫻之花嫁

· ETERNAL LOVE ·

2018 / 05

波利环游世界

· ETERNAL LOVE ·

2018 / 06

儿童节

· ETERNAL LOVE ·

2018 / 08

七夕节

· Eternal Love ·

2018 / 09

开学季

· ETERNAL LOVE ·

2018 / 10

万圣节

· ETERNAL LOVE ·

2018 /11

感恩节

· ETERNAL LOVE ·

2018 / 12
圣诞节
· ETERNAL LOVE ·

2019 / 01
南门庆典
· ETERNAL LOVE ·

2019 /02

年夜饭

· ETERNAL LOVE ·

2019 /03

梦想天空

· Eternal Love ·

2019 /06

高考冲刺

· ETERNAL LOVE ·

2019 /07

沙滩派对

· Eternal Love ·

2019 /08

运筹帷幄

· ETERNAL LOVE ·

2019 /09

时装秀

· Eternal Love ·

2019 /10

卖萌节

· ETERNAL LOVE ·

2019 /11
购物季
· ETERNAL LOVE ·

2019 /12

圣诞节

· ETERNAL LOVE ·

2020 /01
周年庆典
· ETERNAL LOVE ·

2020/04

RO 樱花节

· ETERNAL LOVE ·

2020/06

儿童节

· ETERNAL LOVE ·

2020/07

海底畅游

· ETERNAL LOVE ·

2020/09

秋意盎然

· Eternal Love ·

SCENES

剧情篇

在南门的初次相遇，开启了米德加尔特大陆的冒险旅程。讨伐巴风特，击败黑暗之王，是对勇气与信念的历练；姜饼城的雪与樱花城的梦，是回忆深处最温暖的情愫；而在天空之城、死者国度与光影之都，又面临着对爱与希望的崭新考验……点点滴滴的旅程编织成回忆，时光流逝，可冒险的脚步永不停歇。

主线剧情 MAIN STORY

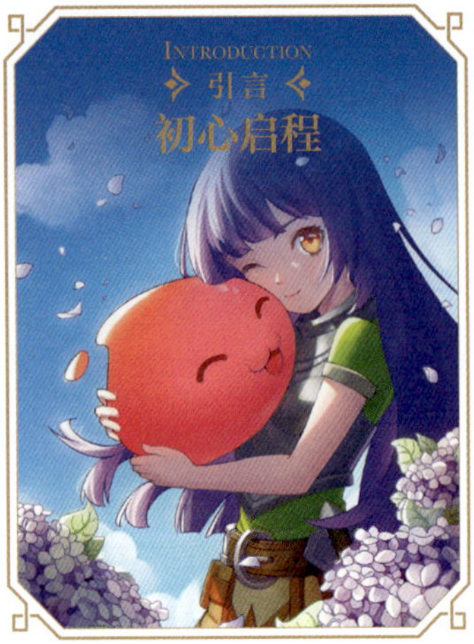

在普隆德拉南门，冒险者与青梅竹马赛尼亚相遇了。在神秘辽阔的米德加尔特大陆，爱与勇气的冒险正式启程！

在遥远星辰的彼岸、彩虹尽头的蓝天下、云朵亲吻的梦幻之地，多兰族的猫咪们会经历什么奇妙的冒险呢？

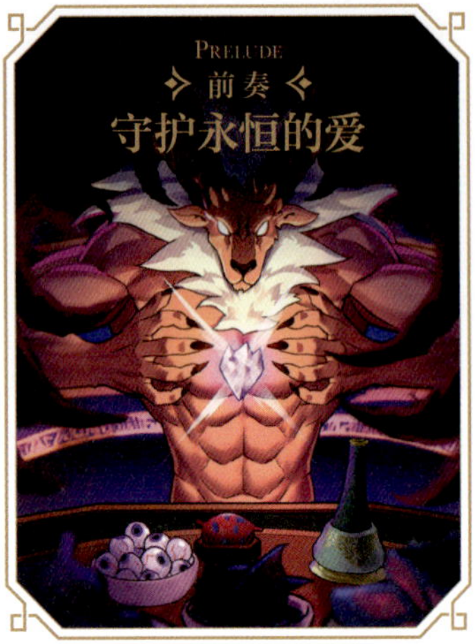

阳光下孕育着黑影，平和的表象下隐藏着躁动，古老的羊头魔物，不寻常的异变指引着冒险者来到卢恩王国……

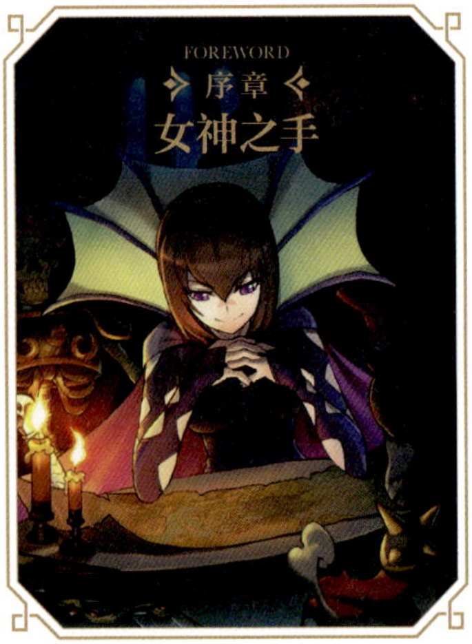

诸神黄昏一战，伊米尔之心碎片引来各种族间的觊觎和斗争。邪恶势力暗潮涌动，人们唯有祈祷希望之光……

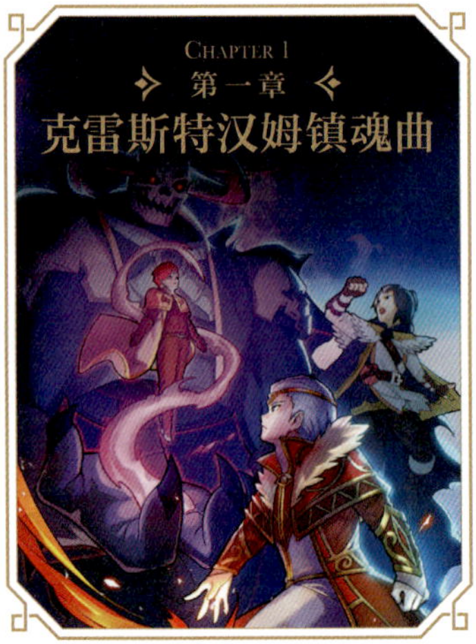

在经历时间的冲刷后，古城变成了被黑暗掌控的危险地带。冒险者来到这里，协助最英勇的士兵们，为正义而战……

黄金时钟守护着时空的秩序，但黑暗正逐渐化为梦魇。承载着宿命的冒险者啊，化作斩断灾厄的利剑吧！

被黑暗侵蚀的姜饼城，命运的齿轮在不停地转动。肩负着未来的冒险者啊，化作一束光，照亮这个幻想之地……

你是我生命中的光，是我想要不惜代价留住的温柔。即将消失的花灵和执念成痴的少年会如何选择未来？

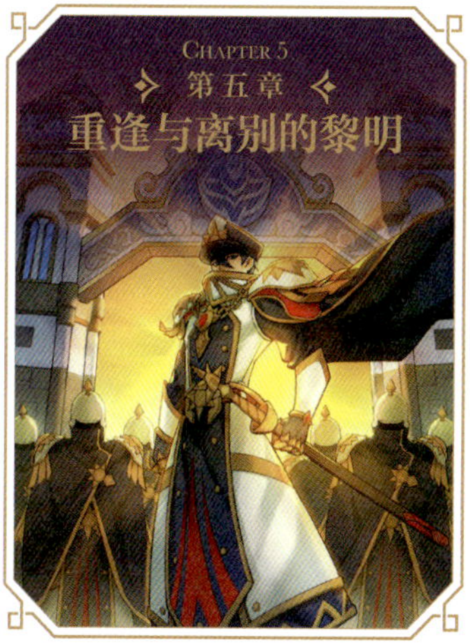

天空之城朱诺暗流涌动，巨大的阴谋露出了端倪！为了拯救被阴霾笼罩的朱诺，冒险者义无反顾地向邪恶源头进发……

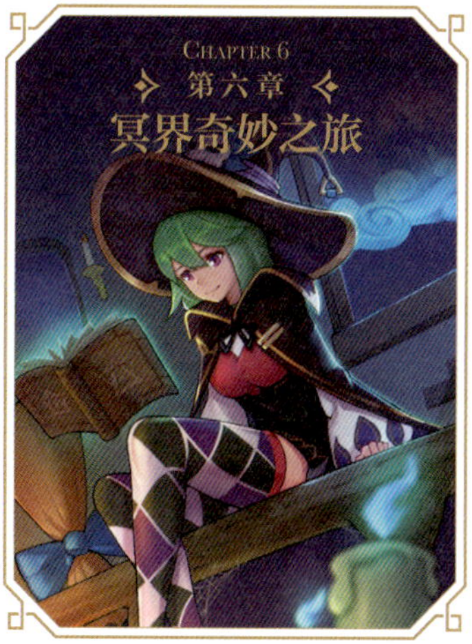

晦暗不明的鬼火，孤独漂浮的幽魂，还有背后隐藏的故事……在死者之都尼夫海姆的冒险，注定充满未知与神秘。

当光与影在黄昏中交织，里希塔乐镇迎来了它的夜晚。在看不见的深处，里希塔乐镇又隐藏着怎样的秘密？

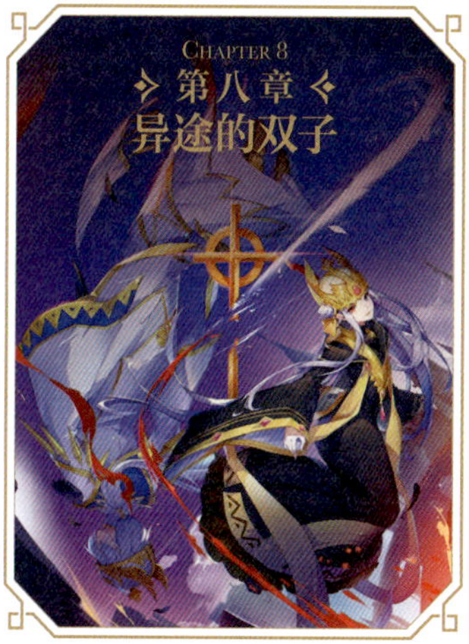

来自拉赫的使臣邀请冒险者参加教皇的加冕仪式，因此，冒险者便前往了神秘的教国首都拉赫……

雪境的歌谣

第一章·雪原的满月

第二章·北极星光

第三章·耶梦加得的抉择［上］

扫描二维码
收听相关章节内容
戴上耳机体验更佳

第四章 · 耶梦加得的抉择 [下]

第五章 · 生而为人

终章 · 为了心中所爱

黎明安魂曲

第一章·天空的愿望

第二章·启程

第三章·月与狼

第五章·树之声

终章·灵魂归所

ETERNAL LOVE
守护永恒的爱

光影轮舞曲

第一章·光影交替之所

第二章·命运的骰子

第三章·神明与罪人

第四章·光与影的轮舞

第五章·破碎之梦

终章·献给牺牲者

第一章·救赎的十字

第二章·异途陌路

终章·兄妹

圣域回响

一路相伴走来……

承载多少美好回忆

仙境RO传说
古城的咏叹调
RO.com 守护永恒的爱

EPISODE 1.0

仙境RO传说
RO.com 守护永恒的爱
宠物情人

EPISODE 2.0

仙境RO传说
RO.com 守护永恒的爱
倾城之战
THE WAR OF EMPERIUM

EPISODE 3.0

仙境RO传说
樱の花嫁

EPISODE 3.5

梦想天空
RAGNAROK
仙境RO传说
RO.com 守护永恒的爱

EPISODE 4.0

仙境RO传说
RO.com 守护永恒的爱
黑色派对

EPISODE 5.0

仙境RO传说
RO.com 守护永恒的爱
光景之都
里希塔乐镇

EPISODE 6.0

仙境RO传说
RO.com 守护永恒的爱
SP 甜蜜召唤师

SP

仙境传说

恶梦·觉醒

梦罗克

活动限定

仙境传说

RO.com 守护永恒的爱

达纳托斯之塔

活动限定

出品方
B 格猫工作室　心动网络股份有限公司

总监制
张啸霏

监制
郭倩倩

视觉设计
董乐 欧阳雪 梁晓旭 韩鹤松

内容策划
莫秋仔 方海璐 陈一锋

特别鸣谢：

B 格猫工作室
邢万里 虞佳

美术中心
张宝钦 王晰 杨垒垒 郑枫 钱文杰 江祖红 吴会敏 陶园 崔燕鸣 林俣 张杰 余军 陈佳嫣 李快然 管逸群 林雨 张徐阳 王舒蘅 朴明玉 刘晓帆 国静瑜 钱明 邓洋 顾世兴 申志培 夏雨生 王晨霏 杨宏雨 周鑫 陈一菲 樵命舞美 刘思慧 高福雄 周洁琼 蔡栩呈 任博超 魏伟 杨辉

官方小说作者
杨斯康 莫秋仔 赵琰豪 许卓

运营小组
李雪娜 陈芷琳 陈思源 田东凯 张钦哲 杨佳宇 戚冀栋 崔元瑞 张文卿

法务咨询
陈盼 邹哲希

商务支持
王翔 冯钧乔

官方网站
RO.com

官网公众号
仙境传说 RO 守护永恒的爱

官方微博
仙境传说 RO- 守护永恒的爱

图书在版编目（C I P）数据

仙境传说RO ：守护永恒的爱原画设定集 / B格猫工作室著. -- 成都 ：四川美术出版社，2020.10
ISBN 978-7-5410-9462-0

Ⅰ. ①仙… Ⅱ. ①B… Ⅲ. ①网络游戏－介绍－中国 Ⅳ. ①G898.3

中国版本图书馆CIP数据核字(2020)第189477号

仙境传说 RO：守护永恒的爱　原画设定集
XIANJING CHUANSHUO RO: SHOUHU YONGHENG DE AI YUANHUA SHEDINGJI
B 格猫工作室 著

责任编辑　杨　东　张子惠
特邀编辑　石　嘉　郭倩倩　贺　静
游戏导演　张啸霏
责任校对　陈　玲　江起宇
封面设计　欧阳雪　李照祥
内文制作　田晓波　欧阳雪　梁晓旭
责任印制　黎　伟　马春来
出　　版　四川美术出版社
（成都市锦江区金石路 239 号　邮政编码 610023）
发　　行　新经典发行有限公司
成品尺寸　180mm × 210mm
印　　张　26.5
字　　数　300千
图　　幅　636幅
印　　刷　北京奇良海德印刷股份有限公司
版　　次　2021年1月第1版
印　　次　2021年1月第1次印刷
书　　号　ISBN 978-7-5410-9462-0
定　　价　368.00元

Rache
Einbroch